Mark Smith

Aura-Sehen

W0172811

Über den Autor

Gegen Ende seines Lebens schrieb mein Vater, daß ich „vielleicht der kreativste und glücklichste Mensch [sei], der [ihm] jemals begegnet ist". Meine Jesuiten-Mitbrüder verglichen mich mit einem „Kind, für das ständig Weihnachten ist". Alles, was ich dazu sagen kann, ist, daß ich das Glück hatte, mir großartige Eltern auszusuchen, in einer äußerst stimulierenden Umgebung aufzuwachsen und es irgendwie zu schaffen, mich nicht umzubringen, obwohl ich Hals über Kopf durch das Leben stürzte, als ob es sich dabei um mein persönliches iß-was-du-kannst- Büfett handelt...

Wenn ich also im Folgenden vom Standpunkt eines neugierigen Beobachters/Teilnehmers zur Feder greife, kann ich mich sozusagen auf die Erfahrungen eines gesamten Lebens berufen. Was mich dabei ursprünglich bewegte, waren die spektakulären Wandlungen, die sich durch das Aufdecken und (schließlich auch) Begreifen all dessen, was ich inzwischen als wahr erkenne, in mir vollzogen. Denn ich möchte die „frohe Botschaft" verbreiten - jeder soll diese Geheimnisse kennen.

Lassen Sie sich
vom Augenschein überzeugen!

In *Aura-Sehen - Schnell und einfach!* erforscht Mark Smith
die entscheidende Rolle der Aurasichtigkeit, also der Fähigkeit,
die menschliche Aura wahrzunehmen, als ein Weg zur Erhaltung
von Gesundheit und Wohlbefinden. Aurasehen ist völlig natürlich und ungefährlich, und viele Menschen sind sich der Existenz
dieser Aura sogar schon bewußt, denken jedoch meist, daß es sich
dabei um Intuition, Ausstrahlung oder „Chemie" handele...

Haben Sie die Kunst des Aurasehens erst einmal erlernt, werden Sie bei anderen erkennen können, wenn sie lügen oder welchen Beruf sie haben oder - auch bei sich selbst - wenn eine
Krankheit auf dem Anmarsch ist, ohne daß erst die ersten Symptome auftreten müssen. Lernen Sie durch Farbmeditation den
Heilungsprozeß zu unterstützen. Aurasichtigkeit ist ein erster Schritt
in eine Welt erhöhten Bewußtseins und alternativer Heilverfahren, wie z. B. der Heilung durch Bioenergie.

Mark Smith führt amerikaweit an Universitäten und Colleges
sowie in Fernseh- und Radiotalkshows seine einfachen, doch wir-
kungsvollen Techniken vor. Auch Sie können jetzt mühelos Auren sehen - folgen Sie einfach den zehn Schritten in diesem Buch.
Jeder spricht schon darüber - möchten nicht auch Sie diese Dinge endlich sehen?

Aura
schnell &
einfach
sehen

Mark Smith

Mit einem Vorwort von Raymond Moody

//////////////// SILBERSCHNUR ////////////////

© der deutschen Ausgabe: Verlag »Die Silberschnur« GmbH

Aus dem Amerikanischen von Ulla Schmid

ISBN 3-931 652-48-3

1. Auflage 1999
2. Auflage 2001

Covergestaltung: dtp XPresentation, Boppard

Druck: FINIDR, 🄴 s. r. o., Český Těšín

Verlag »Die Silberschnur« GmbH · Steinstraße 1 · D-56593 Güllesheim

www.silberschnur.de
e-mail: info@silberschnur.de

Inhaltsverzeichnis

Vorwort

Mir scheint, daß wir alle wirklich Glückspilze sind - als Bürger einer Epoche, in der die Erforschung der spirituellen Praktiken, die so lange ins staubige Hinterstübchen unseres Geistes verbannt waren, erneut salonfähig geworden ist. Was in aller Welt ist eine Aura? Wie oft sind Menschen in den letzten zwanzig Jahren nicht an mich herangetreten und haben mich für die lebenssprühende Farbe meiner Aura und die Weisheit, die in ihr zu erkennen sei, gelobt... Und ich habe das Kompliment jeweils mit stolzgeschwellter Brust entgegengenommen, ohne die leiseste Ahnung zu haben, wovon eigentlich die Rede war...

Bis heute.

Denn mein Freund Mark Smith hat nun zu diesem nebulösen Thema eine Fülle an Informationen zu Papier gebracht. Und was mich besonders freut, ist die Auslegung seines neuen Buches als Leitfaden mit zahlreichen Übungen, so daß auch ich selbst endlich herausfinden kann, worum es dabei eigentlich geht.

Mark schreibt hier nicht aus der Perspektive eines abstrakt-esoterisch-spekulativen Konstruktes, sondern auf der Grundlage persönlicher, in der Praxis gewonnener Erfahrungen; Erfahrungen, die er sammelte, als er sich an die Erforschung dieser so eigentümlichen Dimension des menschlichen Geistes machte. Und da ich ihn als prächtigen und feinfühligen Menschen und guten Freund kenne, freue ich mich darauf, seinen Fußstapfen durch dieses neue, fesselnde Labyrinth zu folgen.

Für jene, denen dieser Gegenstand - wie auch mir selbst - noch nicht vertraut ist, scheint mir sein Werk den idealen Ausgangspunkt zu bilden, da es ganz auf unverständliche Tiraden zu verzichten weiß. Und ich vermute, daß sich noch viele andere diesem Forschungsgebiet zuwenden werden - mit diesem Leitfaden in der Hand.

Dr. Dr. Raymond Moody
(Autor von „Das Leben nach dem Tod")

Einleitung

Ich wuchs im Bezirk Kenwood in der Nähe von Washington D.C. auf - in einer von Kirschbäumen gesäumten Straße, auf die im Frühling eine Fülle aus rosa und weißen Blüten herniederschwebt. Eingebunden in eine liebevolle und intakte familiäre Umgebung, war ich schon früh an Naturschönheit und Harmonie gewöhnt. Meine Mutter, eine gelernte Montessori-Lehrerin, blieb zu Hause, bis ich die Grundschule beendet hatte, und ermutigte mich, meinen Interessen und Neigungen zu folgen. Meine Wißbegierde umspannte ein weites Gebiet - ich zeigte schon frühzeitig Interesse an Musik und Wissenschaft und wünschte mir z. B. zum dritten Geburtstag eine Geige und zu Weihnachten darauf einen Chemiebaukasten - doch die Nerven meiner Mutter wurden dadurch auf eine harte Probe gestellt! Gepaart mit einer Neigung, Messer in Licht- und Stromsteckdosen zu stecken, sowie einer Liebe für alles, was mit Feuerwerkeln zusammenhing, machte dies meine Beaufsichtigung zu einer Vollzeitbeschäftigung. Wenn ich nicht gerade das Bücherregal emporklomm (und es im gleichen Zuge herunterriß und mich darunter begrub), löste ich mit einiger Wahrscheinlichkeit gerade die Feststellbremse von Fahrzeugen auf benachbarten Auffahrten. Oder ich drang in die Wohnung von Nachbarn ein, wo ich die Hi-Fi-Anlage anstellte oder auf dem Klavier zu klimpern begann. Kein Wunder, daß am Tage meiner Einschulung eine Blockparty veranstaltet wurde, wo ich die nachbarlichen Hände schütteln mußte und man mir dazu gratulierte, das hohe Alter von fünf Jahren erreicht zu haben!

Mein Überleben bis zu diesem Zeitpunkt hatte dabei keineswegs festgestanden - wobei meine Risiken auch nicht auf selbstzerstörerische Tendenzen (bzw. auf Nachbarn, die mir nach dem Leben trachteten...) beschränkt waren. Fast hätte ich mich sogar schon bei meiner Geburt wieder „verabschiedet" - ich wurde sechs Wochen zu früh geboren und brachte weniger als 1400 Gramm auf die Waage. Da der Arzt bei mir einen Wasserkopf zu erkennen glaubte, räumte man mir kaum Überlebenschancen ein - auch deswegen, weil der Thermostat im Brutkasten des Sangley-Point-Flottenstützpunktes bei Cavite City (Philippinen) defekt war und nicht aufhörte, mir durch Überhitzung nach dem Leben zu trachten... Mein Vater, der Fregattenkapitän bei der Navy (d. h. Marineoffizier im Rang eines Oberstleutnants) war und über einen gewissen Einfluß verfügte, konnte die Abstellung eines Seeflugzeuges veranlassen, mit dem Dr. John Fatland von der United States Navy mit mir in den Armen nach dem weiter nördlich gelegenen Clark-Luftwaffenstützpunkt - und damit zu einem ordnungsgemäß funktionierenden Inkubator - transportiert wurde. Man hatte meine tiefreligiösen Eltern gewarnt, daß ich den Flug wohl kaum lebend überstehen würde, und noch heute schreiben sie mein Überleben einem himmlischen Eingreifen (und der US-Kriegsmarine) zu.

Damals machte ich auch meine erste außerkörperliche bzw. Nahtoderfahrung, und noch heute steht mir dieses Erlebnis so deutlich vor Augen, als sei es gestern gewesen... Ich fand mich schwebend in einem L-förmigen Raum über meinem Brutkasten wieder und blickte auf eine rote, backpflaumenartige Gestalt hinunter, aus der Schläuche herausragten. Ich fragte mich, ob hier nicht ein Irrtum vorlag - sollte das etwa der Körper sein, in dem ich mich befinden sollte? Unmöglich! Irgend etwas stimmte hier nicht, und das Ganze gefiel mir gar nicht!

Während ich so in Deckennähe schwebte, empfand ich gleichzeitig Wärme und Kälte - die Wärme kam von oben und die Kälte von unten. Ich entsinne mich auch, daß die Wände purpurfarben waren, und daß sich mein Inkubator abseits, in dem kurzen Stück des „Ls", befand, getrennt von den anderen Babys, die man in dem langen Ende des Raumes gebettet hatte. Dann empfing ich telepathisch eine Anweisung, in diesen Körper zurückzukehren - es würde alles in Ordnung kommen, ich solle mir nur keine Sorgen machen. Ich gehorchte auf der Stelle - eines der wenigen Male in meinem Leben...

Wenn man mich später nach meiner frühesten Erinnerung fragte, habe ich stets von diesem Erlebnis erzählt - auch schon im Alter von drei oder vier Jahren. Aus etwa der gleichen Zeit sind mir auch deutliche Bilder einer Gruppe von Schutzengeln in Erinnerung - manchmal bis zu sieben, öfter jedoch zwei oder drei. Ebenfalls recht klar ist meine Erinnerung daran, wie ich zu meiner Mutter sagte, daß „tot sein so ist, als ob man aus einem Traum erwacht". Sie sah mich dann verdutzt, aber ermutigend an und sagte „ja, ja... ganz recht, Schatz."

Erst in der fünften Klasse - an einem Donnerstagmorgen um 12^{00} Uhr, als wir eine Klassenarbeit zur Bruchrechnung schrieben - machte ich meine nächste außerkörperliche Erfahrung. Erneut fand ich mich über meinem Körper wieder - ich schwebte oben an der Decke und blickte auf meinen Kopf. Und wieder konnte ich den gesamten Raum überblicken - in einer Weise, die sich kaum angemessen beschreiben läßt, doch die Ähnlichkeit mit meiner Nahtoderfahrung als 48 Stunden alter Säugling kam mir augenblicklich zu Bewußtsein.

Diese spontane außerkörperliche Erfahrung war jedoch nicht von einem Trauma ausgelöst worden, und bis zum Alter von 21 Jahren hatte ich insgesamt sechs davon, jede intensiver als die vorhergehende. Zusammengenommen gaben sie mir das Gefühl, daß ich wohl zum Priesteramt berufen sein müsse - ich hatte noch nie von außerkörperlichen Erfahrungen, kosmischem Bewußtsein oder astraler Projektion gehört und konnte so nur auf die mir vertraute religiöse Kultur zurückgreifen, um in diese Bewußtseinszustände einen Sinn zu bringen. Mangels eines besseren Ausdruckes bezeichne ich Erlebnisse dieser Art auch als „spirituellen Orgasmus", da Worte allein nicht genügen, um die Fülle an Wahrnehmungen, Empfindungen und Gefühlen voll auszuloten bzw. zu beschreiben, die dadurch hervorgerufen werden. Doch man *weiß* es, wenn man ein solches Erlebnis hat.

Nach Abschluß des College und einem Zwischenspiel als Kandidat für den Jesuitenorden begann ein neues Kapitel in meinem Leben, als ich als Profimusiker durch Amerika zu touren begann. Ich sang selbstkomponierte Lieder zur Akustikgitarre und trat als Vorgruppe für Bands wie Jefferson Starship, Jeff Beck und für die Gruppen von Bob Weir und Jerry Garcia auf (beide Mitglieder von Grateful Dead). Ich spielte jetzt vor 20000 statt vor 20 Zuhörern - kein geringer Fortschritt seit meinem ersten „Klavierkonzert" im Alter von vier Jahren. Außerdem hielt ich an Universitäten bzw. Colleges quer durch das Land Vorträge und

Vorlesungen über Handschriftendeutung, trat im Fernsehen auf und hielt Kurse im Aurasehen.

Anläßlich eines Auftritts in Iowa kehrte ich schließlich symbolisch wieder dorthin zurück, von wo mein Leben seinen Ausgang genommen hatte: ich traf den Navy-Arzt wieder, der mich dreißig Jahre zuvor in dem purpurnen, L-förmigen Raum entbunden hatte. Nach unserer Rückkehr von den Philippinen waren meine Eltern und Dr. John Fatland und seine Frau Donita all die Jahre hindurch in Verbindung geblieben, indem sie jeweils zu Weihnachten Grüße austauschten. Meine Mutter nun hatte das Ehepaar Fatland auf meinen Tourneekalender aufmerksam gemacht, der einen Aufenthalt in Des Moines, der Hauptstadt von Iowa, vorsah. Mein Vater hatte mir angedroht, künftig mit mir nichts mehr zu tun haben zu wollen, wenn ich die beiden während meines dortigen Aufenthalts n i c h t aufsuchen würde ... doch das wäre gar nicht nötig gewesen, da ich bei der Vorstellung, endlich meine „Geburts"-Eltern kennenzulernen, sogar ganz aufgeregt war!

Da ich die beiden noch nie gesprochen oder auch nur ein Bild von ihnen gesehen hatte, war ich doch ein wenig unsicher, als ich die lange Auffahrt hinauffuhr und mich dem großen Haus näherte, einem Bau aus dem achtzehnten Jahrhundert. Doch als Fatlands mit raschen Schritten und ausgestreckten Armen die Stufen hinunter gelaufen kamen, mich in die Arme schlossen und willkommen hießen, versank ich in einem wahren Meer von Gefühlen. Umschlungen standen wir da, umarmten und küßten uns, und alle drei vergossen wir unzählige Freudentränen...

Dieser unvergeßliche Augenblick wurde nur noch dadurch in den Schatten gestellt, daß ich Kurz darauf herausfinden sollte, daß der Raum tatsächlich L-förmig und die Wände tatsächlich malvenfarbig gestrichen waren - mit Farbe, die von der Renovierung des Admiralsquartiers übriggeblieben war. Fatlands erzählten mir, daß dies ein streng gehütetes Geheimnis war (die Farbe entsprach nämlich nicht dem Schlachtschiffgrau, das die Navy-Statuten vorschrieben und war lediglich verwendet worden, um etwas „Leben in die Bude" zu bringen). Ich erfuhr auch, daß man mich wegen der Ansteckungsgefahr von den anderen Säuglingen isoliert und in eine Ecke des Raumes in Schranknähe gestellt hatte.

Donita war zur Zeit meiner Geburt mit zweieiigen Zwillingen schwanger gewesen und hatte ebenfalls eine Frühgeburt erlitten, bei der sie den Jungen verlor. Fatlands hatten daher immer eine besondere Nähe zu mir gespürt - ich war „der, den sie zu retten vermochten". Und die Heiterkeit schwand aus Dr. Fatlands Gesicht, als er hinzufügte: „Ich habe auch einiges an Nachforschungen angestellt und konnte in dem Jahr deiner Geburt nicht ein einziges kleineres Baby finden, das überlebt hätte... Ich weiß nicht, warum du hier bist, aber es ist bestimmt kein Zufall."

Und das gilt, glaube ich, für uns alle.

1

Die Aura sehen

Dies war der Beginn einer Reise, die niemals zu Ende geht.
Und als ich mehr herausfand, begann ich zu begreifen,
wie wenig ich doch noch wußte...

D as konnte einfach nicht wahr sein. Auren kann man doch unmöglich sehen! Ja, vielleicht im Traum oder auf mittelalterlichen Heiligenbildern - aber doch nicht hier und heute und schon gar nicht in meinem Wohnzimmer!

Und doch war es genau dies, was ich vor bald zwanzig Jahren zu sehen bekam, als mein Freund vor mir stand und mir die einfache Sichttechnik erklärte, die ein jeder erlernen kann. Sogar Skeptiker wie ich, wie es scheint. Ich sah vielleicht noch keine Farben, und auch die Form und die Intensität veränderten sich ununterbrochen. Doch kein Zweifel: da war tatsächlich ein silbriger, drei bis acht Zentimeter breiter Lichtkranz um seinen Kopf und um seine Schultern, und dieser Lichtkranz machte auch keinerlei

Anstalten, wieder zu verschwinden. Ganz im Gegenteil: je länger ich hinsah, um so leuchtender und breiter wurde er!

Ja, so hat alles begonnen - so habe ich „Feuer gefangen". Innerhalb weniger Tage lernte ich, Farben zu erkennen. Als nächstes fand ich heraus, daß ich bei Verwendung der gleichen Technik auch meine eigene Aura zu sehen vermochte - im Spiegel! Ich begann, verschiedene Bücher zum Thema zu lesen, hauptsächlich hochspezialisierte, vergriffene Leitfäden zur Farbmeditation, in welchen die Bedeutung der einzelnen Farben bzw. Farbschwingungen sowie die von diesen beeinflußten Körperteile erläutert wurden. Es war, als ob sich die Tür zu einer neuen Welt aufgetan hätte... eine Welt, mit der die Menschen des Altertums und die Weisen aller Zeiten vertraut waren, die sie sogar als selbstverständlich betrachteten, und die mich umgab, wohin ich auch blickte.

Dies war der Beginn einer Reise, die nie zu Ende geht. Und als ich mehr herausfand, begann ich zu begreifen, wie wenig ich doch noch wußte. Und dies alles hat an jenem Spätsommernachmittag begonnen, als die Sonne ihr ruhiges, weiches Licht in meine alte Atelierwohnung warf - im zweiten Stockwerk über der N-Street gleich hinter Georgetown.

Die Aura wird sichtbar

Auch Ihnen kann „ein Licht aufgehen" - und zwar folgendermaßen:

Stellen Sie eine Testperson in 45 Zentimeter Entfernung vor einen kahlen, einfarbig-weißen Hintergrund. Bitten Sie diese, sich zu entspannen und tief durchzuatmen. Um die besten Sichtverhältnisse zu erreichen, sollten Sie einen Mindestabstand von drei Metern einhalten und darauf achten, daß das Licht nicht zu hell bzw. direkt auf die Testperson gerichtet ist - am günstigsten ist natürliches Licht. Damit die Aura sichtbar wird, müssen Sie am Kopf- und Schulterbereich *vorbei*- bzw. durch ihn *hindurchse*hen. Konzentrieren Sie sich auf die Wand hinter der Gestalt. Während Sie so am Umriß des Körpers vorbeistarren, werden Sie sehr rasch ein weißes oder auch gräulich-silbriges Flimmern rund um den Körper wahrnehmen - fast, als ob sich dahinter ein von unten strahlender Scheinwerfer befände.

Anschließend wird dieser Effekt mit großer Wahrscheinlichkeit wieder verschwinden.

Dies liegt daran, daß die meisten beim ersten Erscheinen des Lichtkranzes ihren Brennpunkt unwillkürlich wieder zum „Objekt" hin verschieben, statt weiterhin die Wand zu fixieren. Wenn Sie Ihren Fokus wieder auf den Hintergrund richten, wird dieser Lichtkranz jedoch erneut sichtbar. Sie müssen Ihre Augen also darin schulen, nicht in den normalen Fokus zurückzufallen. Sobald Sie es einmal beherrschen, Ihren Blick „durch den Körper hindurch" aufrechtzuerhalten, werden Sie feststellen, daß Farben, Formen, Strahlen und selbst die zweite Auraschicht mühelos zu erkennen sind.

Mehr als den "Lichtkranz" sehen

Dies könnte eine Weile in Anspruch nehmen. Obwohl ich den Lichtkranz oder, wie manche ihn nennen, „Kaspar, den freundlichen Geist" sofort zu sehen vermochte, dauerte es bei mir drei Tage, bis ich Farben ausmachen konnte - aber was für Farben! Gelb und Rosa kommen bei den meisten zuerst, dann Blau, Grün oder Purpur. Einige Glückspilze erkennen Farben sogar auf Anhieb.

Von denen, die durch meinen Kurs gehen, schaffen es einige nie, Farben zu sehen (außer gelegentlich Gelb), doch alle lernen zumindest, den Lichtkranz zu unterscheiden. In diesem Zusammenhang kann es für Brillenträger von Vorteil sein, vorübergehend auf ihre Augengläser zu verzichten - obwohl manche meiner Schüler wiederum bessere Ergebnisse erzielen, wenn sie sie auflassen. Auch die Lichtverhältnisse spielen eine maßgebliche Rolle. So sind Leuchtstofflampen am ungünstigsten, während natürliches, indirektes Licht am vorteilhaftesten ist. Direkt einfallendes Sonnenlicht ist zu stark, da es die Aura übermannt, „erdrückt" und zum Verblassen bringt. Sehr empfehlenswert ist Kerzenlicht; ein Schattenwurf auf den Hintergrund ist jedoch sorgfältig zu vermeiden.

Versuchen Sie es an verschiedenen Menschen und bitten Sie diese jeweils, tief zu atmen. Ein Tip: Lassen Sie die Betreffenden langsam das Alphabet aufsagen und nach jedem zweiten Buchstaben Atem holen. Nach dem „M" erhöhen Sie dann die Geschwindigkeit, lassen also den Rest des Abc- wenn möglich - ohne erneutes Atemholen aufsagen.

Wenn der Atemrhythmus in dieser Weise verändert wird, ändert sich auch die Aura. Bei manchen dehnt sie sich während des Schnellerwerdens aus. Bei „falschem", d. h. flachem Atmen, zieht sie sich dagegen zusammen. Beim Einatmen sollte der Anschein entstehen, als ob sie sich leicht zusammenzieht, beim vollständigen Ausatmen hingegen, als ob sie sich ausdehnt. Ein flacher Atemrhythmus kann die Aura schwächen und ihre Ausdehnung auf ein Minimum reduzieren (Nebenbei bemerkt zählt tiefes Atmen zu den am stärksten energetisierenden, d. h. Energie verleihenden Übungen, die wir kennen.).

Noch ein nützlicher Tip: Bitten Sie die Testperson, sich sanft hin und her zu wiegen - Sie können so verfolgen, wie sich die Aura mitbewegt. In einigen Fällen hält sie mit dem Körper mit, in anderen Fällen hinkt sie hinterher. Sie könnten auch über einer Schulter eine Farbkugel sehen oder ein leuchtendes Lichtband, das sich an einem Arm entlangzieht. Solche Erscheinungen können evtl. pulsieren und sich dann auflösen.

Farbschwingungen

Es gibt keine richtige oder falsche Aura bzw. eine Farbe, die besser als eine andere wäre. Es ist zwar richtig, daß manche Farbtöne oder -schattierungen weniger wünschenswerte Aspekte andeuten können, doch ganz allgemein läßt sich nur feststellen, daß Intensität und Klarheit der Aura verschiedene Stufen von Gesundheit, Frieden und Glück anzeigen. Klar und kräftig ist dabei besser als matt und trüb. Am Ende dieses Buches finden Sie

Schaubilder und Übersichten zur Erläuterung des Farbspektrums, die als ungefähre Richtschnur zur Deutung der einzelnen Farben gedacht sind.

Meist weist die Aura in unmittelbarer Körpernähe eine Basisfarbe auf, die drei bis acht Zentimeter von der Kopf- und Schultergegend abstrahlt (obwohl die Aura den gesamten Körper umgibt, läßt sie sich im Kopf- und Schulterbereich am leichtesten erkennen). Diese Basisfarbe kann mit einer weiteren Farbe vermischt sein (meist der im Lichtspektrum nächsthöher- oder -tiefergelegenen).

Eine gelbe Basis kann z. B. mit Grün oder Orange vermischt sein und in einem Moment hellgrün erscheinen, dann wieder gelb werden, sich bei weiterem Beobachten erneut (z. B. zu einem orangenartigen Rosa) verwandeln und sich schließlich wieder auf einen Gelbton stabilisieren.

Die menschliche Aura ist im allgemeinen wenig stabil und von inneren und äußeren Reizen abhängig. So wird sie z. B. durch unsere Gedanken, Worte und Taten beeinflußt. Auch unserem physischen Umfeld, den Menschen, mit denen wir in Berührung kommen, sowie deren Energiefeldern gegenüber ist sie empfindlich. Was wir essen, trinken und an Medikamenten zu uns nehmen, trägt ebenfalls zu unserem Gesamtbild bei. Und schließlich verändert sich unsere farbliche Strahlung (wie Sie schon aus der vorausgehenden Übung erkennen konnten) sogar mit unserem Atemrhythmus.

Wir alle sprechen von der „Ausstrahlung" eines Menschen oder der „Chemie", die zwischen uns wirken kann. Der „erste Eindruck" ist eine Sache des Augenblicks und wird zum Großteil

durch optische Reize bewirkt: generelle Attraktivität, Gesichtsausdruck, Kleidung, Haltung, Gesamterscheinung. Ob im Positiven oder Negativen - wir analysieren und beurteilen unsere Mitmenschen bei der ersten Kontaktaufnahme in Sekundenschnelle.
Und das gleiche geschieht auch auf der unterbewußten Ebene:
Ausstrahlung oder Chemie mögen zwar nicht greifbar sein, doch
die Wechselwirkung unserer Energiefelder erzeugt instinktive Gefühle „im Bauch", die vielleicht weniger augenfällig sind, jedoch
eine ebenso deutliche Sprache sprechen, was unsere Kompatibi-
lität angeht.

Hier liegt auch der Grund, warum Sie manche Menschen, zu
denen sich andere hingezogen fühlen, nicht leiden können, oder
warum Sie jemanden auf Anhieb sympathisch finden, der körperlich gesehen vielleicht nicht zu den attraktivsten zählt. Die Betreffenden haben einfach etwas an sich bzw. ein „gewisses Etwas", das Sie nicht „festmachen" können, das Sie aber dennoch
anzieht bzw. abstößt. Könnte dieses Etwas unsere elektromagnetische Schwingung sein, die uns als Aura sichtbar wird, wenn sie
von Licht durchströmt wird (und die wir auch fühlen können,
wenn wir durch Training in Bioenergietherapie eine entsprechende
Empfindlichkeit entwickeln)?

Die Geschwindigkeit der Schwingung bestimmt den Farb-
eindruck, der erzeugt wird. Rot befindet sich z. B. am unteren
Ende des Farbspektrums und ist eine lange, langsame Wellen-
länge. Orange, Gelb und Grün entsprechen zunehmend kürzeren,
schnelleren Wellenlängen und sind leichter zu sehen. Blau und
Violett wiederum schwingen am schnellsten, sind jedoch am schwer-
sten auszumachen. Sie treten meist im äußeren Aurakörper

(Astralkörper) auf, der sich von dem stärker leuchtenden, inneren Aurakörper (Ätherkörper) unterscheidet, den wir zuerst zu unterscheiden lernen. Violett in der äußeren Aura verrät beträchtliche spirituelle Fähigkeiten und kommt vereinzelt auch in der inneren Aura vor, wo es eine hohe spirituelle Entwicklung anzeigt. Auch Gold ist eine hochentwickelte Farbe, die große Kraft und Energie erkennen läßt. Die Farbe Gold könnte z. B. als „Energieball" über dem Kopf oder über einer Schulter erscheinen.

In meinen Seminaren sehen die Schüler bisweilen goldene, nach oben gerichtete Strahlen oder geometrische Figuren, wie z. B. Dreiecke, um bestimmte Menschen. Einige davon sehen sogar aus, als ob sie 60 bis 90 Zentimeter hohe Narrenkappen aufhätten. Solche Phänomene wurden von bis zu sechzig Personen gleichzeitig beobachtet und unabhängig voneinander sehr ausführlich und mit vielen Einzelheiten bestätigt.

Übung macht den Meister

So, jetzt verfügen Sie über die grundlegende Technik des Aurasehens! Wie beim Aufbau von Muskelmasse müssen Sie natürlich auch hier „trainieren", um Ihr neuentdecktes Talent zu erhalten und weiter auszubauen. Üben Sie dazu mit unterschiedlichen Menschen in verschiedenen Umgebungen, und denken Sie stets an das Wesentliche: weiße bzw. neutralfarbene Wand, indirekte Beleuchtung und einen Abstand der Testperson von mindestens 45 Zentimeter zur Wand und 3 Metern zu Ihnen.

Und das Wichtigste, blicken Sie stets unbeirrt auf den Hintergrund und nicht auf Ihr „Versuchskaninchen".

Na, macht es nicht Spaß, einen unserer verschütteten sechsten Sinne wiederauszugraben? Sie können sogar Ihre eigene Aura im Spiegel betrachten! Richten Sie Ihren Brennpunkt einfach auf die Wand (oder auf das, was sich hinter Ihrem Spiegelbild befindet), blicken Sie starr in die gleiche Richtung (und atmen Sie), und die Aura kommt zum Vorschein.

Lassen Sie sich nicht entmutigen, wenn Sie Farben nicht auf Anhieb zu sehen vermögen. Entspannen Sie sich einfach und üben Sie weiter. Wenn der große Moment schließlich da ist und die Farben erscheinen, könnte Ihnen vor Überraschung der Atem stocken oder gar ein Schrei entfahren: die Farben sind nämlich - obwohl anfänglich eher blaß - in Wirklichkeit sehr intensiv. Im Laufe der Zeit werden Sie dann vielleicht auch in verschiedenen Umgebungen, unter verschiedenartigen Lichtverhältnissen und vor weniger als optimalen Hintergründen Auren erkennen können. Mit etwas Glück wird Ihnen Ihr neuentdecktes Talent zur zweiten Natur!

2

Die Aura berühren

Könnte es sein, daß wir vor unserer Übersättigung mit den
verschiedenen Spielarten der modernen Medien Energiefelder
ganz selbstverständlich zu sehen vermochten?
Ist es denkbar, daß dieses Talent durch den Glauben an
die Wissenschaft und das Bauen auf die Technik verschüttet wurde?

W ir wissen ja, daß Engel und Heilige ausnahmslos mit einem Lichtkranz dargestellt werden, der den Kopf und manchmal auch die ganze Gestalt umfließt (und gelegentlich strahlen auch
von Hinterkopf und Schultern geometrische Lichtstrahlen aus). Diese Art von Heiligenschein (auch Nimbus, Aureole oder Gloriole ge-
nannt) findet sich in sämtlichen Kulturkreisen und Religionen - Budd-
ha, Mohammed, Vishnu, Moses, die Propheten und Jesus Christus
werden sämtlich mit einem Ring aus Licht dargestellt, der meist von
goldener, silbriger oder sonstiger lichter Farbe ist.

Könnte es sein, daß wir vor unserer Übersättigung mit den verschiedenen Medienformen Energiefelder ganz selbstverständlich
zu sehen vermochten? Ist es denkbar, daß dieses Talent durch den

Glauben an die Wissenschaft und das Bauen auf die Technik verschüttet wurde? Haben wir es unserer Ratio, unserem Verstand gestattet, unsere unterbewußten Persönlichkeitsanteile ins Abseits zu drängen?

Es ist nicht ausgeschlossen, daß uns das Wiederentdecken dieses angestammten Talents eine ganz neue (alte) Welt und eine Bereicherung und Befruchtung erschließen wird, nach der man in den modernen Formen der Unterhaltung vergeblich suchen wird...

Zumindest m e i n Leben wurde durch die Entdeckung und Anwendung dieser Fertigkeit, d. h. das Sehen und später auch das Fühlen der Aura, ganz zweifellos verändert. Vermutlich wurde es durch meine Behandlung mit Bioenergie und den verschiedenen Methoden der Heilung über das menschliche Energiefeld sogar gerettet! Dies geschah schon bei meinem ersten Besuch im Heim von Mietek (sprich: Mi-e-tek) Wirkus, einem Auswanderer aus dem (damals) kommunistischen Polen. Man schrieb das Jahr 1986. Mietek, seine Frau und seine Tochter waren vor kurzem in die USA übergesiedelt, wo sie im Gebiet von Washington D.C. damit begannen, die Behandlung und Heilung mit Bioenergie einzuführen. Sie hatten eine Fülle von Kenntnissen und Erfahrungen mitgebracht, die für den Westen neu waren, die jedoch im gesamten Ostblock und der Sowjetunion schon umfassend zum Einsatz kamen.

Mietek hatte schon als Kind eine ungewöhnliche Heilbegabung an den Tag gelegt. Das Leningrader Kirlianinstitut und das Moskauer Popov-Institut arbeiteten schon in den frühen siebziger Jahren an der Erforschung der Bio- oder Lebensenergie, und Mietek ließ sich in den verschiedenen Verfahren der Heilung durch Übertragung von Bioenergie ausbilden. Anschließend arbeitete er für verschiedene polnische Gesundheitszentren (wie z. B. die Warschauer Isis-Klinik), wo er mitunter über hundert Patienten am Tag zu sehen bekam. Er brachte dabei das unglaubliche Kunststück fertig, all diesen Menschen zu helfen, ohne sich körperlich völlig zu verausgaben. Den Schlüssel zu dieser Ausdauer erhielt er von einem tibetanischen Lehrer, der ihn den „Atem der Jugend" lehrte. Diese Atemtechnik ermöglicht es, große Energiemengen durch den Körper zu schleusen, ohne Ermüdung oder seelische oder körperliche Erschöpfung hervorzurufen. Erinnern Sie sich, wie sich die Aura mit dem Atemrhythmus verändert? Es kann nicht oft genug gesagt werden, wie wichtig richtiges Atmen für die Erhaltung der Gesundheit ist: es ist eines der Schlüsselelemente bei der Übertragung von Energie.

Die Heilung und Behandlung mit Bioenergie, die in Polen und der Sowjetunion schon seit den frühen achtziger Jahren Teil des ärztlichen Behandlungsinstrumentariums bildet, gilt dort als eine schnellere (und oftmals bessere) Methode zur Linderung von Beschwerden wie Fieber, Krämpfen, Muskelspasmen und neuralgischen Störungen, welche Chirurgen und Ärzten mehr Zeit für ihre eigentliche Rolle - die des Behandlers in kritischen Fällen - gibt. In Verbindung mit den klassischen Verfahren der westlichen Heilkunde stellt sie im prä- wie im postoperativen Einsatz ihre Effizienz unter Beweis - so wirkt sie u. a. schmerzsenkend und fördert eine raschere Genesung ohne die Nebenwirkungen von Medikamenten.

Als ich Mieteks Bekanntschaft machte, hielt ich an der birmanischen Botschaft in Washington gerade einen Aurakurs ab, und jeden Monat kamen rund sechzig Menschen zu mir, um die in Kapitel 1 erläuterte einfache Technik zu erlernen. Wir hatten dort eine ideale Umgebung zu unserer Verfügung - einen großen, alabasterweißen Ballsaal mit kristallenen Lüstern und Spiegeln.

In diesem Zeitraum nun brachte mir einer der Lehrgangsteilnehmer einen Artikel über einen Mann, der nicht nur aurasichtig war, sondern sogar ohne Berührung heilen konnte. Im folgenden Monat erlebte ich dann die Überraschung, diesen Menschen - Mietek - und seine Familie in meinem Kurs wiederzufinden! Er konnte zwar kein Englisch, verstand aber trotzdem einen Großteil des Gesagten, und seine mehrsprachige Frau Margaret ergänzte, was ihm noch fehlte. Sie erzählte mir, wie sehr sie sich freuten, daß in Amerika jemand auf diesem Gebiet arbeitete, und beide schienen von Inhalt und Form meines Unterrichts aufrichtig beeindruckt zu sein.

Margaret fragte mich auch, ob ich nicht Lust hätte, einmal bei ihnen zum Abendessen vorbeizuschauen - wir könnten dann besprechen, ob ich nicht auch für die Teilnehmer ihres Bioenergiekurses Auraklassen anbieten könnte.

Ich nahm diese Einladung an - vor allem auch aus Neugier. Gleichzeitig hatte ich jedoch auch ein Gefühl der Unausweichlichkeit, als ob mich das Schicksal zu ihnen und ihrer neuartigen, wunderlichen Welt hintriebe, als ob mir bewußt sei, daß ich zu etwas berufen wurde, zu dem ich mich aus eigenem Antrieb nie durchgerungen hätte. Denn was ich bisher von ihnen gehört hatte, war nur geeignet gewesen, meine „angeborene" Skepsis noch zu vergrößern, da mein Weltbild alles andere als „esoterisch" war. Andererseits hätte ich aber auch nie geglaubt, daß man Auren sehen kann, bis mir dieses ganz beiläufig klargemacht wurde... Schließlich heiße ich mit zweitem Namen wirklich Thomas!

3

Begegnung
der praktischen Art

*Als er seine Hände zum ersten Mal an meinen Körper heranführte,
spürte ich seine Energie und seine Wärme auf Anhieb - er massierte und
glättete meine Aura und gab mir das Gefühl, nach oben gezogen zu
werden. Noch eine Weile danach war mir komisch zumute - sehr
entspannt, doch nicht erschöpft. Sogar auf sonderbare Weise erregt
und in Hochstimmung, ich prickelte am ganzen Körper...*

Es ist vielleicht schwer nachvollziehbar, daß jemand der Behandlung und Heilung mit Bioenergie skeptisch gegenüberstehen soll, der sogar schon Lehrgänge im Aurasehen abhält... Doch dies war tatsächlich so: ich war mir über das Ganze höchst unschlüssig und wollte erst einmal „greifbare Beweise". Diese Skepsis blieb auch während meiner gesamten ersten Begegnung mit Mietek unerschüttert, während der er mir dieses Heilverfahren in allen Einzelheiten auseinandersetzte. Ich erklärte mich indes einverstanden, für seine Studenten je nach Bedarf bzw. Nachfrage Kurse anzubieten. Gegen Ende des Abends fragte ich Mietek schließlich - fast aus Jux -, ob er auch mich einmal „drannehmen" würde. Er stimmte zu.

Da ich nicht die geringste Ahnung hatte, worum es bei dieser Technik im eigentlichen geht, beschloß ich, das Ganze einfach als objektiver und neutraler Zuschauer zu beobachten und auf nichts von dem hereinzufallen, was da kommen sollte. Ich war kräftig und gesund, wenn auch von der gestrigen Softballpartie leicht lädiert, da ich mich ein wenig übernommen hatte.

Als mir Mietek mit einem Wink bedeutete, in die Mitte des Raumes zu treten, ließ ich meinen Körper gedanklich Revue passieren: ich fand einen schmerzenden rechten Ellbogen (ich hatte den Ball mit zuviel Kraftaufwand geworfen), ein aufgescheuertes linkes Knie (ich war das Feld in kurzen Hosen entlanggerutscht) und eine entzündete rechte Mandel. Ich war zuversichtlich, daß er keine dieser geringfügigen Unpäßlichkeiten entdecken würde, und ziemlich blasiert: ich würde seine Technik lediglich beobachten, irgend etwas Nettes in Richtung „wie gut sich das Ganze doch anfühlt" sagen, mich für das Abendessen bedanken und dann verabschieden.

Doch dann geschah etwas Seltsames.

Mietek hielt nicht nur unvermittelt inne und arbeitete an jedem Punkt, der mir weh tat, - nein, er fand auch eine Stelle in meinem Unterleib, an der ich keine Schmerzen verspürte, zu der er jedoch zweimal zurückkehrte. Auch auf meine Herzgegend schien er viel Zeit zu verwenden.

Als er seine Hände zum ersten Mal an meinen Körper heranführte, spürte ich sofort seine Energie und Wärme - er massierte und glättete meine Aura und gab mir das Gefühl, nach oben gezogen zu werden. Ich war noch eine Zeitlang danach etwas benebelt im Kopf - ganz ähnlich, wie wenn man beschwipst ist oder aus der Sauna kommt ... ich prickelte am ganzen Körper. Obwohl mir unklar war, was eigentlich geschehen war, fühlte ich doch unbestreitbar e t w a s. Das Wärmegefühl, vor allem wenn er über einer bestimmten Stelle verweilte, war eindeutig. Ebenso die Benommenheit und das Gefühl friedlicher Entspannung.

Obwohl ich eindeutig eine Energie spüren konnte, blieb meine Skepsis. Ja, er hatte wohl meine empfindlichen Stellen lokalisieren können - aber er schien sich erheblich mehr für mein Herz und meinen Bauch zu interessieren, die doch gar nicht weh taten. Was konnte dort schließlich nicht in Ordnung sein, wenn ich doch keinerlei Beschwerden verspürte? Erst einen Monat später, als nach einem Routine-Check-up eine Untersuchung des Dickdarm-Sigmaabschnitts vorgenommen und ein Polyp entdeckt wurde, schwanden die letzten Reste meiner Skepsis.

Krankheiten "lesen"

Wie soll ich den Rest der Sitzung beschreiben? Nun, nachdem er seine Arbeit beendet hatte, mußte ich mich erst einmal hinsetzen - ich hatte dieses wunderbare friedliche Gefühl. Er hatte mit meinem Knie, meinem Ellenbogen und meiner Mandel recht gehabt; was wichtiger schien, war jedoch seine offensichtliche Besorgnis um mein Herz. Margaret fragte, ob in meiner Familie kürzlich ein Todesfall vorgekommen sei, oder ob ich unter hohem Streß stünde. „Dies könnte zu einem Energiestau in der Herzgegend führen", sagte sie und setzte hinzu: „Trinken Sie?"

„Ein wenig", nickte ich und dachte dabei an den Wein, den wir zum Abendessen gehabt hatten. „Gut", meinte sie, „ein wenig Rotwein, oder besser noch, Kognak, kann für das Herz ausgezeichnet sein." An diesem Punkt begann ich mich zu fragen, wieviel *sie* wohl tranken - obwohl sie eigentlich äußerst nüchtern wirkten...

Doch war dies nicht die einzige Frage, die ich mir inzwischen zu stellen begann... Und daß ich bald auch noch die Teilnehmer von Mieteks Lehrgang kennenlernen würde, machte mich nur noch neugieriger. Vielleicht würden diese ja bestätigen oder auch widerlegen können, was mir da gerade widerfahren war.

Margaret erzählte, daß manche Menschen ein Kältegefühl oder auch einen kurzen, heftigen Schmerz empfinden, wenn die Energie eine kranke Stelle berührt. Ich zumindest hatte nur Wärme gespürt und mich während der gesamten Sitzungsdauer (von etwa fünf Minuten) wohl gefühlt. Vielleicht hatte er mich ja auch nur falsch „gelesen".

Und dann geschah noch etwas Seltsames.

Innerhalb einer Woche fiel mir etwas Blut in meinem Stuhl auf. Ich wandte mich an meinen Hausarzt, der mir eine lückenlose Untersuchung des Magen-Darm-Trakts einschließlich des Rektums empfahl. Auch meine Blutwerte müßten überprüft werden.

„Sie müssen eine zweite Blutuntersuchung vornehmen lassen. Im Labor muß etwas danebengegangen sein.", meinte der Arzt einige Tage später. Ihr Cholesterin und Ihre Triglyceride können unmöglich so hoch sein." Die normalen Werte liegen unter 200 bzw. 100 - meine waren 280 bzw. 660! Beim zweiten Versuch war mein Cholesterinspiegel auf 250 gesunken - was immer noch als leicht beunruhigend gilt -, die Triglyceridwerte dagegen auf 780 gestiegen.

„Ihr Blut ist flüssiges Fett", sagte der Arzt in seiner jovialsten Manier, „die Probe gerinnt im Reagenzglas. Kaum zu glauben, daß Sie noch keinen Herzkasper hatten. Vielleicht hat Sie ja Ihr Blutdruck gerettet, der recht normal ist, und die Tatsache, daß Sie nicht rauchen."

Kein Wunder, daß Mietek um mein Herz besorgt war!

Und dann entdeckten sie den Polypen.

Während der Untersuchung des Sigmaabschnitts wurde ein ein Zentimeter langes Gewächs entdeckt - gutartig, wie sich herausstellen sollte. „Könnte schon seit Ihrer Geburt dagewesen sein", beruhigte mich der behandelnde Arzt, nachdem es entfernt worden war. „Das hätte Jahre dauern können, bevor es krebsartig entartet. In jedem Fall ist es jetzt weg."

Noch einmal wurde ich an jenen ersten Besuch bei den Wirkuses erinnert. Es war ja kaum fünf Wochen her, daß sie mir dringend zu einer Herz- und Unterleibsuntersuchung geraten hatten; und jetzt hatte ich gerade einen operativen Eingriff hinter mir und war auf absolut fettfreie Diät gesetzt worden! Mein Interesse am Aurafühlen war definitiv geweckt, und ebenso definitiv mein Glaube daran.

4

Der Lehrer geht zur Schule

Was als Neugier begonnen hatte, verwandelte sich mit jeder
weiteren Entdeckung der verborgenen Kräfte des menschlichen
Organismus in rauschhafte Erregung: Wir konnten Energie
nicht nur senden, sondern auch empfangen!

Als ich das erste Mal vor Mieteks Schülern Aurasehen
unterrichtete, stellte ich fest, daß ich als einziger in
unserer Runde nicht einem Heilberuf nachging. Ich war von
Ärzten, Krankenschwestern, Chiropraktikern, Osteopathen,
Massagetherapeuten sämtlicher Couleur sowie Angehörigen des
psychiatrischen Berufsstandes umgeben, die Mieteks Kurse jeweils schon Monate im voraus buchten. Es war bemerkenswert,
wie diese Heilberufler, die größtenteils dem offiziellen amerikanischen Ärzteverband AMA *(American Medical Association)* angehörten, diese alternativen Methoden anscheinend vorsichtig und schrittweise akzeptiert hatten und genau wie ich
eine tiefverwurzelte Skepsis im Lichte eigener Erfahrungen und

unumstößlicher Beweise für die Tatsächlichkeit dieser Phänomene überwanden.

Was als Neugier begonnen hatte oder vereinzelt auch als der Wunsch, die Vorstellung von der Beeinflußbarkeit unseres Gesundheitszustandes durch Auramassage ad absurdum zu führen, verwandelte sich alsbald – mit jeder weiteren Entdeckung der verborgenen Kräfte des menschlichen Organismus – in rauschhafte Erregung: Wir konnten tatsächlich Energie nicht nur senden, sondern auch empfangen!

Meine "X-Energie"

Doch worum handelt es sich eigentlich bei dieser Energie, die anscheinend vom einen zum anderen übertragen wird? John White, Fachmann auf dem Gebiet des Paranormalen, hat für diese „X-Energie", wie er sie nennt, aus Quellen, die vom Altertum bis in die Neuzeit reichen, über hundert Bezeichnungen zusammengetragen.

Laut der Physik kennen wir vier Energieformen oder Grundkräfte, die die Wechselwirkungen von Materie steuern: einmal die elektromagnetische Wechselwirkung, dann die Gravitation, d. h. die gegenseitige Anziehung von Massen, weiterhin die starke Wechselwirkung, die die Kräfte zwischen den Bausteinen des Atomkernes beschreibt, und schließlich die schwache Wechselwirkung, die für den sogenannten Betazerfall verantwortlich ist.

Diese X-Energie nun scheint (obwohl sie der gegenwärtigen Physik unbekannt ist) übersinnlichen oder paranormalen Phänomenen wie der Übertragung von Bioenergie und der menschlichen Aura zugrunde zu liegen. Forschungsgesellschaften wie das *Institute for Noetic Sciences* (Institut für noetische Wissenschaften), die *International Society for the Study of Energies* (Internationale Gesellschaft zur Erforschung von Energien), die *International Society for the Study of Subtle Energies* (Internationale Gesellschaft zur Erforschung feinstofflicher Energien) und die *International Association for New Science* (Internationaler Verband für neue Wissenschaft) widmen sich der Erforschung und Untersuchung dieses wissenschaftlichen Mysteriums.

Mietek hatte sich mittlerweile erkundigt, ob auch ich an seinem Kursus teilnehmen wolle. Ich hatte schon in drei seiner Klassen unterrichtet, und das Ganze hatte mich zu faszinieren begonnen. Und an diesem Punkt nahm er mich auf - als ersten Schüler, der nicht einem Heilberuf nachging. Der Unterricht fand mit seiner Frau Margaret als Dolmetscherin statt, da Mietek damals kaum Englisch sprach. Er begann jeden Kurs (der jeweils auf zwölf Teilnehmer begrenzt war) bzw. Unterrichtstag damit, jeden einzelnen von uns einer eingehenden „Musterung" zu unterziehen, während wir einen Kreis bildeten und uns bei der Hand hielten. Was mir als erstes auffiel, war sein geräuschvolles, tiefes Atmen, der sogenannte Atem der Jugend. Das zweite war die unglaubliche Wärme und das Prickeln im ganzen Körper, wenn er seine Hände um meine Kopf- und Schultergegend oder vor meine Brust und meinen Bauch legte und die Energie mein Rückgrat entlang emporzog.

Anfangs schien der Unterricht eigentlich zu einfach: richtige Atemtechnik, Starren in eine Kerzenflamme, Visualisieren einer

Höhle oder eines sicheren Ortes, Konzentration auf einen orangenen Punkt an der Wand. Diese Übungen wurden jeweils einen Monat lang durchgeführt, bevor die nächste in Angriff genommen wurde. Mit zunehmendem Fortschritt lernten wir dann, die einzelnen Übungen mit der jeweils vorhergehenden zu kombinieren. Atmen, Visualisieren, Meditieren - mehr wurde von uns nicht verlangt.

Als nächstes bildeten wir Zweiergruppen und starrten uns gegenseitig auf das Stirnchakra bzw. Dritte Auge. Mit Hilfe eines Spiegels blickten wir auch auf unser eigenes Stirnchakra: Formen veränderten sich und Gesichter verzerrten sich, Tiere tauchten auf oder alte Menschen. Anfangs war das Ganze recht beunruhigend, doch daß wir einen „Leidensgenossen" hatten, mit dem wir uns austauschen konnten, machte es weniger schlimm. Ein Gesicht kann, wenn man lange genug darauf starrt, sogar völlig verschwinden! Wir lernten, unsere Augen minutenlang offen zu halten, ohne zu zwinkern. Ich bin Kontaktlinsenträger und kann bis heute meine Augen über zehn Minuten lang ohne Blinken geöffnet halten. Als ich dies im Kursus tat, ging das Gesicht vor mir (ich starrte ausschließlich auf die Stirn) durch eine Reihe kaleidoskopartiger Verwandlungen - jüngere oder ältere Menschen erschienen, ausländische und sogar außerirdische Gesichtszüge.

Dann lernten wir, die „Energiekugel" zwischen unseren Händen zu fühlen. Bald danach fühlten wir das Energiefeld unseres jeweiligen Partners. Wir setzten einfach die erlernten Techniken und Übungen zusammen, und ... es funktionierte! Wir konnten das Energiefeld sowohl fühlen als auch sehen und dessen Energieniveau jederzeit erhöhen.

Anhand physischer Objekte, die in das Energiefeld oder in dessen Nähe gebracht wurden, führte man uns vor Augen, wie schnell und einschneidend der Ausgangszustand der Aura durch Magnete, Edelsteine oder andere Dinge verändert werden kann (und nicht zwangsläufig zum Besseren). So werden Intensität und Farbe unseres Energiefeldes durch Materialien wie Bienenharzextrakt oder Bernstein z. B. verstärkt - eine Wirkung, die nicht nur sicht-, sondern auch spürbar ist.

Wir zogen die Existenz dieser Energiefelder auf einmal nicht länger in Zweifel, sondern fragten uns, wann das medizinische Establishment wohl damit beginnen würde, die darauf basierenden Heiltechniken in sein Repertoire zu integrieren. Das Schöne war auch, daß sich selbst die Ärzte in unserem Kursus im gleichen Sinne äußerten!

Der Grundkurs zog sich insgesamt über sechs Monate. Um unseren Energiefluß zu erhöhen, arbeiteten wir ständig an Atem- und Visualisierungstechniken. Zu Ende des Basisunterrichts war es fast schockierend, wie sich Größe, Umfang und Intensität unserer Aura verändert hatten und wie diese „Energiekugel" rund um unseren Körper im Wachsen begriffen war. Manche von uns mögen dabei noch mehr als andere gewachsen sein, doch waren wir alle ohne Ausnahme um einiges energiegeladener als zu Beginn!

5

Ein hochinteressanter Fall

Die unglaubliche Exaktheit der Diagnose, speziell der Verletzung am sechsten Halswirbel und des Problems mit dem linken Eierstock, verblüffte mich - all das an einer Patientin, die Mietek nie gesehen hatte!

Mietek teilte mir mit, daß ich ein großes Drittes Auge besäße und mich darum zum Erlernen fortgeschrittener Heiltechniken besonders eignen würde. Sein Fortgeschrittenenkurs steht Teilnehmern offen, die weitermachen möchten und die dafür ausgewählt werden. Der Unterricht findet einmal im Monat statt, ist stärker auf Anatomie ausgerichtet und geht erheblich tiefer auf spezifische Krankheiten und deren Behandlung ein. Wir nahmen z. B. sämtliche inneren Organe und die verschiedenen Teile des Gehirns durch. Das Ganze erinnerte mich stark an Biologieseminare, die ich im College gehört hatte, und bildete, da ich zum Glück schon größtenteils mit meiner Physiologie vertraut war, einen guten Auffrischungskurs. Wir bekamen Schaubilder und Diagramme unseres Körpers an die Hand und lernten, diesen vom Scheitel bis zur Sohle abzutasten. Mietek erläuterte uns (über Margaret) die Meridiane (ein Begriff aus dem chinesischen Akupunktursystem) sowie den Energiekreislauf der Chakren (welche laut Yoga im Körper befindliche Energiezentren sind). Auch in diesem Lehrgang begann Mietek jeden Unterrichtstag damit, daß er uns uns an den Händen fassen und einen Kreis bilden hieß, in den er hineintrat und unsere Energiefelder zu glätten begann. Wir wurden gebeten, während des Kurses zu Übungszwecken auch mit Freunden, Bekannten und Verwandten zu arbeiten, um mehr Erfahrung zu gewinnen und neue, andere Energiefelder kennenzulernen. Im Unterricht tauschten wir uns dann jeweils über die gemachten Erfahrungen aus.

Einmal fragte uns Mietek, nachdem wir den Kreis aufgelöst und uns hingesetzt hatten, ob uns irgendwelche interessanten Fälle begegnet seien. Ich zeigte auf und beschrieb eine Behandlungssitzung vom Vortag an einer Frau, die unter Migräneanfällen litt und gerade einen akuten Anfall hatte. Normalerweise konnte ich an diesem Punkt in meiner Ausbildung immer zumindest e t w a s Energie um den Kopf eines Menschen fühlen. In diesem Fall vermochte ich jedoch - selbst nach ein paar einfachen Massagegriffen in der Hals- und Schultergegend - nichts zu entdecken. Schließlich verspürte ich nach zwanzig Minuten Energiearbeit ein leichtes, kaltes Prickeln, jedoch noch immer keinerlei Wärme. Meine „Klientin" teilte mir mit, daß ihre Migräneanfälle in den letzten Jahren mit ziemlicher Häufigkeit aufgetreten seien und daß diese mitunter drei oder vier Tage anhielten. Der momentane Anfall sei heftig und dauere schon in den dritten Tag hinein. Ich sei der letzte Ausweg, da Arzneien nicht zu helfen schienen. Sie verabschiedete sich schließlich und behauptete, eine gewisse Erleichterung zu verspüren - mir war jedoch klar, daß ich nicht sonderlich erfolgreich gewesen war.

Meine Frage an Mietek war folgende: „Weisen sämtliche Migräneopfer oberhalb des Nackenbereichs eine solch totale Energieblockade auf? Mietek wurde ungewöhnlich lebhaft und redete hastig in seiner Muttersprache auf Margaret ein. „Mark, wie gut kennst du die junge Dame? Hast du eine Liebesbeziehung mit ihr?" Sie war eine Bürokollegin von mir, und wir waren zusammen in einer lokalen Theaterproduktion aufgetreten (als Hauptdarsteller in *Foxfire*)[1], wir hatten jedoch keinerlei engere private Beziehung.

„Kennst du sie gut genug, um ihr ein paar persönliche Fragen zu stellen?"

Ich war etwas verdutzt, als Margaret dann wissen wollte, was vor sechs Jahren passiert sei: ein Autounfall? Oder ein Sturz? Verletzungen am fünften oder sechsten Halswirbel? Weiterhin bat sie mich herauszufinden, ob meine Bekannte Probleme mit dem linken Eierstock habe. Litt sie an unregelmäßiger Monatsregel, und folgten ihre Migräneanfälle einem 60-Tage-Rhythmus?

Als ich die junge Frau das nächste Mal sah, ging es ihr besser, und ich konnte sie über ihre Krankengeschichte - speziell über Halsverletzungen, Autounfälle, unregelmäßige Perioden, Probleme mit dem linken Eierstock sowie Häufigkeit und Muster der Migräneanfälle - „aushorchen". Während sie meine Fragen

---

1. Theaterstück, für das eine Reihe von Volksmärchen in Bühnenform gebracht wurde

beantwortete, konnte ich fast sehen, wie sich in ihrem Gehirn ein Räderwerk in Gang setzte und über ihrem Kopf eine Glühbirne anging. Ja, vor sechs Jahren hatte sie tatsächlich einen Autounfall gehabt, bei dem ihr sechster Halswirbel verletzt wurde, was auch ihre erste Migräneattacke auslöste. Die Migräneanfälle gingen jedoch wieder weg - bis vor drei Jahren, als ihr der linke Eierstock entfernt wurde, und ja, die Anfälle stellten sich von diesem Zeitpunkt an etwa alle zwei Monate erneut ein! Sie war ganz aufgeregt, diesen Zusammenhang in ihrem Krankheitsmuster zu erkennen, und erstaunt, daß ihr die Parallele zwischen Monatszyklen und Migräneattacken nicht schon früher aufgefallen war. Ich war verblüfft über die unglaubliche Exaktheit von Mieteks Diagnose, speziell der Verletzung am sechsten Halswirbel und des Problems mit dem linken Eierstock - alles an einer Patientin, die er noch nie gesehen hatte!

Doch ich mußte noch einen weiteren Monat warten, bevor ich ihm meine nächste Frage vorlegen konnte: „Ist dies die Standarddiagnose für weibliche Migräneopfer?" Erneut antwortete Mietek in schnellem Polnisch, und Margaret übersetzte. „Mietek rät dir dringend, bei deiner Arbeit nicht die Energie deiner Patienten anzunehmen. Diese Energie dringt über dein Handgelenk in dich ein, und du mußt lernen, das zu verhindern. Ihr Amerikaner seid so offen und einfühlsam, daß Mietek ihre Krankheit noch am nächsten Tag von dir ablesen konnte. In deinem Übereifer, ihr zu helfen, hast du dich selbst offengelassen und vergessen, zu deinem Schutz Meditations- und Visualisierungstechniken anzuwenden."

Ich fürchte, daß ich vom Rest der Stunde nicht mehr allzuviel in Erinnerung habe. Ich war von dieser Demonstration dermaßen überwältigt, daß ich zum Schluß nur noch bemerken konnte: „In zwanzig Jahren werde ich erzählen können, daß ich unter dem großen Mietek Wirkus gelernt habe." Margaret lachte und entgegnete in ihrer typisch bescheiden-hochherzigen Art: „In zwanzig Jahren werden die Leute sagen, daß sie mit dem großen Mark Smith gearbeitet haben."

6

"Starthilfe" für die Aura

Die Behandlung mit Bioenergie lindert oder beseitigt bestimmte
Symptome oder Schmerzen ohne Medikamente oder abträgliche
Nebenwirkungen. Das Ganze läßt sich mit einer leeren Batterie in einem
Fahrzeug vergleichen, das erst wieder anspringt, wenn es von einer
vollen Batterie einen Energiestoß erhält.

Seit meinem „chirurgischen Abenteuer" könnte eins in meinem Leben bestimmt nicht besser sein: meine Gesundheit! Dabei stellt sich vor allem eines immer wieder als unent-
behrlich heraus: der „Atem der Jugend". Seine Wirkungen lassen
sich nicht nur beim Geheilten, sondern auch beim Heiler beobachten. Oft bin ich z. B. müde und mir fehlt die richtige Lust,
meinen Kurs abzuhalten oder eine Therapiesitzung zu geben. Aber
mit tiefem Atmen und ruhiger Visualisierung kehrt meine Energie in Minutenschnelle zurück. Und am Ende des Unterrichts bzw.
der Sitzung ist meine Energie sogar noch um einiges höher als
zu Beginn. Manchmal fühle ich mich bei Sitzungen, die am späten Abend abgehalten werden, hinterher so „unter Strom", daß es

mir schwerfällt, ins Bett zu gehen. Ich wurde sogar schon um 2, 3 Uhr morgens von Menschen angerufen, mit denen ich gerade gearbeitet hatte, und die selbst so „aufgemöbelt" waren, daß sie keinen Schlaf finden konnten...

Eine Teilnehmerin meines Aurakurses kam zu mir auch zur Bioenergiebehandlung. Sie stand unter hohem Streß, weil sie glaubte, daß ein Wesen - vor allem während ihrer Meditation - durch sie zu sprechen versuchte. Sobald ich an ihrem Energiefeld zu arbeiten begann, verfiel sie in einen unverständlich-heiseren Wortschwall und schien wie in Trance hinwegzuschweben. In der ersten Sitzung mußte ich sie sogar auffangen, da sie sich anschickte, nach hinten umzukippen...

Ein Extrembeispiel für mangelnde Erdung! Dabei schien sie jedoch äußerst aufrichtig - ihre Aura war von leuchtendem Purpur, was in der Regel ein hochspirituelles Wesen anzeigt. Ihr inneres Feld enthielt auch etwas Hellgrün, die Farbe des Heilens, sowie Gold, das ebenfalls mit Spiritualität bzw. Geistigem verknüpft ist, wobei jede Farbe um die Vorherrschaft zu kämpfen schien.

Mit zunehmendem Fortschritt in Unterricht und Behandlung stellten sich dann beachtliche Veränderungen ein. Die Stimme war zwar weiterhin vorhanden, doch meine Patientin versuchte nicht länger „hinwegzugleiten", und ihre Aura wurde stabiler und konsolidierte sich auf purpurrote und goldene Farben. Nach den Sitzungen war sie jedoch regelmäßig so voller Energie, daß sie nicht einschlafen konnte...

Die entgegengesetzte Wirkung habe ich bei einem Mann erlebt, der wegen eines Krebsleidens unter Schlafschwierigkeiten litt. Eines frühen Morgens, als ich mit ihm eine Sitzung begann, lag er hellwach auf seinem Sofa und las die Zeitung. Er war gerade von einem mehrtägigen Krankenhausaufenthalt zurück, und seine Frau erzählte mir, daß er einfach keinen Schlaf finden könne. Seine Begegnung mit mir stellte die erste Behandlung dieser Art für ihn dar, und er war besonders aufmerksam und neugierig. Er fragte mich u. a., ob er sich dafür hinstellen müsse, doch ich beruhigte ihn, daß er auf der Seite liegenbleiben könne und nur seine Zeitung niederlegen und entspannt bleiben solle.

Ich begann die Aura um seinen Kopf zu glätten, und er verfolgte meine Bewegungen mit einem merkwürdigen Lächeln. Während ich seinen Torso von oben nach unten bearbeitete, konnte ich überall und besonders in der Leistengegend die vergrößerten Lymphknoten „fühlen". Und ganz plötzlich - innerhalb einer Minute oder bestenfalls zwei - war er eingeschlafen. Und nicht nur das - er schnarchte sogar lautstark! Die Energie scheint seinem Körper das ermöglicht zu haben, was ihm am meisten fehlte (ohne daß ich allerdings zu sagen wüßte, wie und warum). Seine Frau legte eine Decke über ihn und erzählte mir später, daß er bis Mittag geschlafen habe, wo sie ihn aufwecken mußte, um ihm seine nächste Chemotherapie-Dosis zu verabreichen. Nicht lange danach kam seine Krebserkrankung für mehrere Monate zum Stillstand. Man kann zwar kaum mit gutem Gewissen behaupten, daß diese Sitzung etwas damit zu tun hatte, doch zumindest hatte sie ihm einen tiefen und gesunden Schlaf ermöglicht, so daß sein Körper mit der Selbstheilung beginnen konnte.

Hier könnte auch der größte Nutzeffekt dieser Art sanfter Behandlung liegen: die Linderung bzw. Beseitigung von Symptomen bzw. Schmerzen ohne Nebenwirkungen oder Medikamente, so daß der Körper Gelegenheit zur Selbstheilung erhält. Es läßt sich mit einem Fahrzeug vergleichen, dessen Batterie leer ist: es springt erst dann wieder an, wenn es von einer vollen Batterie einen Energiestoß erhält.

Die Energieübertragung zwischen Menschen scheint dem gleichen Prinzip zu folgen: Wir sprechen z. B. davon, wie uns der Besuch eines guten Freundes oder der Brief eines lieben Menschen aufgemuntert hat. Heilverfahren wie die Behandlung mit Bioenergie, die aus nächster körperlicher Nähe und in direktem Kontakt arbeiten, nehmen das Ganze noch einen Schritt weiter und laden das elektrische System des Körpers durch das Senden von Liebe und Energie mit einer Überfülle an Lebensenergie auf.

Dabei bleibt die Wirkung stets die gleiche, ungeachtet der Überzeugung und Glaubens- (oder Unglaubens-) Richtung, der der einzelne anhängen mag. Solche zuweilen eindrucksvollen Ergebnisse wurden auch bei Säuglingen, Kleinkindern und Tieren registriert, bei denen eine Erwartungshaltung bezüglich der positiven Wirkung der Behandlung (der sogenannte Placeboeffekt) unmöglich eine Rolle spielen kann. Ob wir wollen oder nicht, diese Energie existiert und wird nach dem Absenden empfangen - ganz wie der Brief eines Geliebten.

Erstaunlich sind auch die Gesundheit und das Wohlbefinden, die dem Sender zuteil werden. Richtig ausgeführt, findet die Übertragung automatisch statt, und die Energie wird lediglich vom Sender sanft dem Empfänger zugeleitet. Die Motivation des Senders sollte dabei ein tiefes Gefühl der Liebe und der innige Wunsch zu helfen sein, und nicht irgendeine auf Ichsucht beruhende Vorstellung wie „ich habe das gemacht". Fragt man die größten Heiler, worauf sie ihre Erfolge zurückführen, erhält man regelmäßig zur Antwort: „'Ich' hatte damit überhaupt nichts zu tun." Je offener und liebevoller der Sender ist, um so mehr kann die Liebesenergie unverwässert fließen und beide Beteiligte in wahrhaft wunderbarer Weise erheben.

"Starthilfe"

Wenn wir bei einem der Teilnehmer meiner Auraseminare sehen, daß seine Energie erschöpft ist oder eine trübe Graufärbung aufweist, führen wir ein kleines Experiment durch: während die übrigen Teilnehmer den Betreffenden im Auge behalten, reibt dieser seine Hände aneinander und hält sie dann mit den Handflächen nach oben vor seinen Körper. Halte ich dann meine eigenen Hände etwa zehn bis fünfzehn Zentimeter darüber und bewege ich sie langsam hin und her, fühlt das „Versuchskaninchen" eine erste Wärme und ein leichtes Prickeln. Da ich vor dem Betreffenden knie, bleibt die Aura um seinen Kopf für die übrigen Teilnehmer weiterhin sichtbar.

Die volle Wirkung dieses Energiestoßes wird schon nach wenigen Augenblicken deutlich: die Aura nimmt - oftmals beeindruckend - an Größe und Leuchtkraft zu. Farben, die schon zuvor vorhanden waren, werden in der Regel verstärkt bzw. oft auch in die nächsthöhere Frequenz verwandelt; so könnte zum Beispiel eine grüne Aura ins Blaue oder Violette zu spielen beginnen. Gelegentlich wird die Aura auch „übernommen" und gleicht sich dann derjenigen Farbe an, die ich gerade selber aufweise. Sogar nach Wegnahme meiner Hände zeigt die Aura nach dieser „Aufladung" eine weitere Verjüngung, wächst also von allein weiter.

Sie können diese und andere Wechselwirkungen zwischen zwei Energiefeldern auch selber beobachten. Sehen Sie sich dazu die Aura von „Sender" und „Empfänger" zunächst gründlich an und notieren Sie Erscheinungsbild und Eigentümlichkeiten. Wenn Sie noch keine Farben sehen können, ermitteln Sie zumindest Form, Größe, Umfang und Leuchtdichte. Falls Sie Farben ausmachen können, achten Sie auf etwaige Veränderungen in Farb- bzw. Buntton, Intensität, Klarheit und Strahldichte, sobald der Energiestoß stattfindet. Nehmen mehr als drei Personen teil, könnten Sie Ihre Beobachtungen auch einzeln notieren und Ihre Erfahrungen hinterher austauschen. Auf diese Weise können Sie auch mehr als nur einen „Empfänger" und damit die Unterschiede zwischen verschiedenen Menschen beobachten - eine gute Übung.

Stellen Sie nun Ihre „Versuchskaninchen" - das Profil Ihnen zugewandt - einander gegenüber und bitten Sie sie, einige Sekunden die (eigenen) Hände leicht aneinanderzureiben. Wenn die beiden im Anschluß daran ihre geöffneten Handflächen (die sich jedoch nicht berühren dürfen) über- bzw. untereinander halten, machen sich in den Energiefeldern feine Veränderungen bemerkbar.

So scheint in manchen Fällen die eine Aura von der anderen abgestoßen zu werden und zusammenzuschrumpfen; in anderen Fällen wiederum vermischen sich die Energiefelder oder verschmelzen sogar. Fordert man die Beteiligten auf, an Liebe oder einen geliebten Menschen zu denken, kommt es (auch wenn es sich dabei nicht um das jeweilige Gegenüber handelt), zu feinen und bisweilen auch eindrucksvollen, schlagartig sichtbaren Veränderungen. Auch andere Gefühle wie z. B. Haß, Furcht, Sorge oder Eifersucht lassen sich auf diese Weise testen - mit ähnlich raschen (doch anderen) Ergebnissen. Sie können also ab jetzt auch solche Veränderungen von der Aura ablesen, die durch Gedanken und Gemütsbewegungen hervorgerufen werden.

Sobald sie genügend Übung besitzen, um die „Aureole" bei jedermann in Sekundenschnelle ausfindig zu machen, können Sie sich auch ans Experimentieren wagen. Eine weitere Methode zur Veränderung der Aura besteht z. B. darin, einen Gegenstand auf das Kronen- oder Scheitelchakra zu legen. Dabei können die verschiedensten Objekte zum Einsatz kommen - Magnete, Armbanduhren, Halsketten, Edelsteine usw.

Durchbrüche für die Bioenergie

Die Aurasichtigkeit zählt zu jenen Gebieten, die uns manche lieber weiterhin verschlossen sähen. Diese Kunst - früher das Geheimreservat von Mystikern und Hellsehern - galt als zu gefährlich für die breite Masse und ist in gewissen Kreisen noch immer mit geheimen und vielleicht sogar magischen Assoziationen belastet. Andererseits wurden aber auch Bücher zu so harmlosen Themen wie Handschriftendeutung noch bis vor kurzem in der *Library of Congress* (der größten Bibliothek der USA, die sich in Washington D.C. befindet) in der „Occulta"-Abteilung geführt! Mittlerweile werden Handschriftendeutung wie auch Werke zur menschlichen Aura unter dem Titel „Psychologie" erfaßt und katalogisiert.

Diesen Wandel verdanken wir der Ärztin und Wissenschaftlerin Shaficia Karagulla, die Mitte der sechziger Jahre bahnbrechende Forschungsarbeiten zur hellseherischen Begabung unternahm (die sie „Wahrnehmung mit den höheren Sinnen" nannte). Sie schildert ihren wissenschaftlichen Werdegang und die Methodik, die sie zur Erforschung der unbekannten Aspekte des menschlichen „Superbewußtseins" einsetzte, in ihrem Buch *Breakthrough to Creativity*, in dem sie die phantastischen Erfahrungen und Erlebnisse (bei denen sie teilweise auch Zeugin war) von wirklichen Hellsehern untersucht (darunter Kollegen von ihr). Diese diagnostizierten Krankheiten mittels Berührung oder intuitiven Erspürens sowie durch das „Sehen der den Menschen umgebenden Energiefelder" - Dr. Karagullas Beschreibung der Aura.

Die Wissenschaft kann also nicht länger umhin, die Klärung der Beschaffenheit und der Wirkungen des menschlichen Energiefeldes in Angriff zu nehmen - seit Aufkommen der Kirlianphotographie in den dreißiger Jahren kann dessen Existenz ja nicht länger in Zweifel gezogen werden. Auf Kirlianphotographien erscheinen Energiefelder als Lichthöfe, die sämtliche Substanzen umgeben. In Amerika und anderswo sind weitergehende Forschungen im Gange, die auf die Bedeutung dieser winzigen elektromagnetischen Felder im und um den Körper schließen lassen. So arbeitet an Orten wie der *Menninger Foundation* in Kansas und dem *National Institute of Health* in Maryland die anerkannte Wissenschaft aktiv an der Untersuchung dieser bioelektrischen Phänomene und fördert dabei überraschende Ergebnisse zu Tage.

Denn wußten Sie z. B., daß sämtliche Organe und Gewebe des menschlichen Körpers von einem bisher unbekannten Netzwerk aus mikroskopisch kleinen Nervenfasern durchzogen sind? Diese Nervenfasern stehen chemisch mit der Epiphyse (Zirbeldrüse: eine wenig bekannte, erbsengroße Struktur am oberen Mittelhirn) in Verbindung. Oder war Ihnen bekannt, daß im Blut und in manchem Gewebe ein meßbarer elektrischer Strom existiert, der keinen direkten Bezug zum Nervensystem aufweist? Bis in die jüngste Vergangenheit hinein hätte das etablierte medizinische Denken die Möglichkeit der Existenz solcher Dinge schlichtweg verworfen.

Diese und andere Entdeckungen der jüngeren Zeit lassen darauf schließen, daß wir über die Arbeitsweise des menschlichen Körpers möglicherweise weniger gut Bescheid wissen, als wir annahmen. Dr. Harold Moses von der Vanderbilt University, ehemaliger Vorsitzender der *American Association for Cancer Research* (Amerikanische Krebsforschungsgesellschaft) sagte unlängst: „Es ist unvorstellbar, was wir in den letzten zehn Jahren alles über den Krebs ... herausgefunden haben, und achtzig Prozent dieser Erkenntnisse wurden in den letzten fünf Jahren gewonnen." Nach seinem Dafürhalten stehen bei Vorbeugung, Verhütung und Behandlung von Krebs bedeutende Durchbrüche vor der Tür. Und es sind nicht zuletzt diese und andere Untersuchungen zum Thema des Bioenergiefeldes, die unser Verständnis von Krankheit und ihren Ursachen einen Riesenschritt vorwärtsgebracht haben.

7

Eine strahlende Gesundheit

Die Energie, die wir ausstrahlen, ist die Energie,
die wir anziehen. Senden wir positive Schwingungen aus,
ziehen wir meist auch Gleichgestimmte bzw. Menschen
mit positiver Ausstrahlung an.

Stellen Sie sich einmal vor, Sie könnten Ihre Gesundheit täglich selbst überprüfen - und zwar nach Kriterien, die sowohl sicht- wie auch fühlbar sind. Ich meine also nicht nur das Bild, das Ihnen der Spiegel zurückwirft, sondern auch Ihre mentale und emotionale Einstellung sich selbst gegenüber. Wie wäre es, wenn Sie Ihre neuerworbene Aurasichtigkeit zu diesem Zweck verwendeten?

Bis jetzt haben Sie ja den einflußreichsten Aspekt Ihrer physischen Erscheinung ignoriert - die Farbe und Ausstrahlung Ihrer Aura! Sie können nämlich erkennen, was andere über Sie denken, wenn Sie Ihre Aura im Spiegel betrachten. Dabei sind sich Ihre Mitmenschen vielleicht nicht unbedingt bewußt, daß sie Ihre

Aura spüren; doch wenn wir von der „angenehmen" oder „unangenehmen" Ausstrahlung eines Menschen sprechen, beziehen wir uns in Wirklichkeit nur darauf. Und da Sie nun in dieses kleine Geheimnis eingeweiht sind, sind Sie ab heute in der Lage, Ihr „aurisches Gesicht" mittels guter Gedanken und Gefühle, Meditation und Gebet zu verwandeln.

Färben Sie Ihre Aura

Die Energie, die wir ausstrahlen, ist die Energie, die wir anziehen. Dies ist eine Binsenweisheit, die nicht nur für die Energie unserer Aura gilt. Senden wir positive Schwingungen aus, ziehen wir meist auch Gleichgestimmte bzw. solche mit positiver Ausstrahlung an. Menschen mit negativer, pessimistischer oder zynischer Energie neigen umgekehrt ebenso dazu, die ihnen gemäße, d. h. negative Energie anzuziehen, so daß beide Menschentypen, wenn Sie so wollen, eine Art sich selbst erfüllende Prophezeiung kreieren. Ihr „lebenslanger Begleiter", Ihre aurische Hülle, bildet somit einen Anziehungspunkt „mit Sofortwirkung" für ähnliche Arten von Energie. Dies ist Ihnen auch instinktiv bewußt, wenn Sie jemandem zum ersten Mal begegnen, was, wie schon erörtert, ebensoviel mit der chemischen Zusammensetzung Ihres Körpers wie mit Ihrem Energiefeld zu tun hat.

Bei meinen Vortragsreisen quer durch Amerika, wo ich zu verschiedenen Gruppen spreche, erwähne ich auch stets ein Buch von Carole Jackson namens *Color Me Beautiful. Entdecken Sie Ihre natürliche Schönheit durch Farben,* das vor einigen Jahren erschienen ist. Carole Jackson zufolge lassen sich (vor allem) Frauen aufgrund ihrer Haar-, Haut- und Augenfarbe in „Frühlings"-, „Sommer"-, „Herbst"- und „Winter"-Typen unterteilen und sollten sich vorteilhafterweise dementsprechend kleiden. Für einige von uns mag dies auch tatsächlich zutreffen und funktionieren, doch äußert sich meiner Erfahrung nach die überwältigende Mehrheit dahingehend, daß es für sie eben nicht funktioniert. Dies erscheint auch nur logisch, da unsere wichtigste Farbe, nämlich die Farbe unserer Aura, dabei außer acht gelassen wird.

Jene, die sich die Zeit nehmen, für sich und ihre Umgebung Farbzusammenstellungen und Materialien auszusuchen, die mit ihrem Energiefeld harmonieren, gehören oft zu den glücklichsten, kreativsten und harmonischsten Menschen. Frauen, die mir berichten, daß sie sich mit der ihnen zugeordneten „Jahreszeit" unwohl fühlen, und in den meisten Fällen in Farben, die von den im Buch empfohlenen abweichen, besser aussehen und sich darin wohler fühlen, sind oft überrascht, wenn sie das erste Mal (im Spiegel) ihre Aurafarbe zu Gesicht bekommen: sie stellen dann nämlich fest, daß sie zahlreiche Kleidungsstücke besitzen, deren Farbe zu der ihrer Aura komplementär oder sogar identisch mit ihr ist.

Es kann gar nicht oft genug gesagt werden, wie wichtig eine tägliche Überprüfung der eigenen Aura ist. Dabei werden Sie z. B. Veränderungen der Art konstatieren, daß sich Ihre Farbe innerhalb des Farbfrequenzbereichs nach oben oder unten bewegt. Und natürlich lassen sich vor allem auch Ihre Gesundheit und Ihr Allgemeinbefinden (wie schon in früheren Kapiteln erörtert) von

Ihrem Energiefeld ablesen. All dies selbstverständlich nur dann, wenn Sie sich dieses auch wirklich ansehen. Denn die Aura nur ein einziges Mal zu begutachten und dann nie wieder ist absolut zwecklos. Ein Überprüfen der Aura, während Sie sich für den kommenden Tag rüsten, kann dabei leicht zur alltäglichen, morgendlichen Routine werden.

Sie können so Krankheiten entdecken, bevor sie sich im Körper manifestieren, oder, in einem heitereren Register, die aurische Selbstuntersuchung auch dafür verwenden, sich die Garderobenwahl für den Tag zu erleichtern! Ganz allgemein werden Ihre tagtäglichen Unternehmungen von größerem Frieden und Harmonie geprägt sein, wenn Sie sich die Auraprüfung und eine entsprechende Kleiderwahl zur täglichen Gewohnheit machen, da Sie sich innerhalb der Farbgrenzen bewegen, die von Ihrer Aura bestimmt sind.

Manche treiben das Farbbewußtsein jedoch zu weit. So kleiden sich manche Frauen meiner Bekanntschaft fast ausnahmslos in Schwarz, während andere wiederum stets neutrale Farben oder Weiß (letzteres jedoch meist nicht das ganze Jahr hindurch) bevorzugen. Weiß ist ja im Sommer tatsächlich insofern praktisch, als es reflektierend und damit kühlender wirkt als andere Farben. Dennoch ist auffallend, wie viele (und immer mehr) Männer und Frauen selbst während der heißesten Monate des Jahres Schwarz tragen. Mehrere darunter habe ich befragt, warum sie sich sogar während der Sommermonate für eine absorbierende Farbe entscheiden. Ihre Antworten variieren leicht, gehen jedoch sämtlich in Richtung von „Behaglichkeit", „Wohlgefühl" und „Sicherheit", die das Tragen schwarzfarbiger Kleidung bewirken soll. Möglicherweise handelt es sich dabei auch um einen Schutzmechanismus, also eine Methode, das eigene Energiefeld zu verbergen. Auf der unterbewußten Ebene könnte dies auch den Versuch darstellen, dank dem geheimnisvollen Flair, das Schwarz verleihen kann, mehr Macht und Einfluß über die Umwelt auszuüben.

Halten Sie sich stets vor Augen, daß Sie die Energie, die Sie ausstrahlen, auch anziehen. Im Tierreich wird die natürliche Farbgebung dazu benutzt, mit der Umgebung zu verschmelzen, d. h. unauffällig zu sein - sei es aus Überlebensgründen zum Schutz gegen Raubtiere oder um sich ungesehen an ein Opfer heranschleichen zu können. Dieser elementare tierische Instinkt mag auch bei unserer Kleiderfarbwahl eine gewisse Rolle spielen - sei es, daß wir einen Liebespartner anziehen möchten oder sei es zum Schutz vor jenen, die uns unserer Energie berauben oder unsere Basisfarbe verändern möchten.

Färben Sie Ihre Umwelt

Es gibt eine Schule der harmonischen Gestaltung unserer Umwelt, das sogenannte Feng Shui (wörtlich: „Wind und Wasser"), das vor Jahrtausenden im Fernen Osten entwickelt wurde. Wie wir unseren Lebensraum, ob Heim oder Arbeitsplatz, gestalten, und welche Dinge wir dort hineinstellen, hat Feng Shui zufolge maßgeblichen Einfluß auf unser emotionales und langfristiges Wohlbefinden.

Dieses Streben nach Harmonie mit unserem Lebensumfeld hat auch auf die Aura einen gewissen Bezug. Wie schon gesagt, weisen wir die Energie, mit der wir uns umgeben, meist auch selbst auf, während wir Energie, die uns wesensmäßig fremd ist, zumeist abstoßen. So läßt sich ohne allzu große Übertreibung sagen, daß unsere Umgebung buchstäblich das widerspiegelt, was wir gedanklich und gefühlsmäßig verinnerlicht haben, d. h. unsere äußerlichen Ausdrucksformen - insbesondere Kleiderfarben und Einrichtung - geben gewöhnlich sehr deutliche Hinweise darauf, wer wir „aurisch" gesehen sind.

Die Firma Rolls-Royce, der Automobilhersteller der englischen Königin, besitzt eine exklusive Farbe namens Royal Claret (Königsbordeaux), das aus einer komplexen Farbkombination besteht, die sich am besten als rötliches Dunkelpurpur beschreiben läßt. Diese Farbe ist ausschließlich den königlichen Limousinen vorbehalten.

Noch in der ersten Hälfte dieses Jahrhunderts waren Farbbäder und -meditationen in England recht populär. Diesen Heilverfahren, die auch heute noch zahlreiche Anhänger besitzen, werden verschiedene therapeutische Wirkungen nachgesagt. Um z. B. ein Farbbad zu nehmen, „badet" man in Licht, das durch Gefäße mit gefärbtem Wasser strömt. Ähnliche Wirkungen soll auch das Visualisieren von Farben oder farbenfreudigen Naturszenen erzielen, und gelegentlich wird auch das Trinken farbgesättigten Wassers empfohlen.

Obwohl ich noch nicht versucht habe, mit „Farbwasser" zu arbeiten, kann ich zum mindesten bestätigen, wie wirkungsvoll Farbmeditation sein kann - vor allem zur Entspannung oder geistigen Erfrischung.

Leiden Sie unter Einschlafschwierigkeiten? Schließen Sie die Augen und stellen Sie sich ein kräftiges, klares Blau vor - die

Farbe des Himmels an einem wolkenlosen Tag. Wenn Sie dieses Bild neunzig Sekunden oder länger festhalten können, wird das Land der Träume schon ganz nahe sein - wenn Sie sich nicht sogar schon darin befinden!

Haben Sie Bauchweh? Konzentrieren Sie sich auf ein kräftiges, leuchtendes Orange, und Ihre Beschwerden sollten sich legen.

Brauchen Sie einen Energiestoß und mehr Erfrischung, als es ein einstündiges Nickerchen bietet? Atmen Sie tief ein und stellen Sie sich vor, wie Ihr Körper von Goldgelb durchflutet wird; atmen Sie aus und stellen Sie sich vor, wie dunkelgrauer Abfall Ihren Körper verläßt. Zählen Sie beim Ein- und Ausatmen jeweils bis vier und legen Sie danach eine Entspannungspause ein, während der Sie ebenfalls bis vier zählen. Anschließend beginnen Sie das Ganze wieder von vorne. Wenn Sie dies zehn Minuten lang durchführen, werden Sie sich verjüngt und so erholt fühlen, als hätten Sie zehnmal so lange im Bett verbracht.

Farben spielen in unserem Leben tatsächlich eine bedeutende Rolle und beeinflussen uns auf zahlreichen Ebenen, ganz unabhängig davon, ob wir uns dessen bewußt sind oder nicht. Mit Farbkenntnissen können wir gesünder und besser leben, was sich dann nicht nur körperlich fühlen, sondern auch von unserem Energiefeld ablesen läßt.

Aura und Gesundheit

Der Einfluß von Gedanken und Gefühlen auf den Körper ist beinahe unglaublich! So wurde in jüngerer Zeit z. B. die enge Wechselbeziehung zwischen emotionaler Verfassung und Immunsystem nachgewiesen. Auch die Beziehung zwischen Hirnstromwellenaktivität und Pulszahl, Körpertemperatur, Atemgeschwindigkeit, galvanischer Hautreaktion, Pupillenerweiterung, Ausschüttung von Magensaft und Immunreaktion ist mittlerweile wohl dokumentiert.

Können Gefühle krank machen? Denken wir uns in Krankheiten hinein? Wird unser Körper in irgendeiner Form durch negativen Streß - möglicherweise selbstproduzierten - beeinträchtigt? In der Tat werden solche Vorstellungen von den Fakten - einschließlich der gerade besprochenen Veränderungen in der Aura - entschieden untermauert.

Heißt das demnach, daß wir uns gesund denken können? Halten wir uns täglich aus eigener Kraft gesund, ohne uns dessen bewußt zu sein? Tun uns Gebet und Meditation auf der körperlichen, geistigen und spirituellen Ebene gut? Die Antwort ist auch hier ein entschiedenes Ja!

Die Kraft des Gebetes im Heilungsprozeß ist wohlbekannt. Und was wäre Beten anderes als eine seelische Konzentrationsübung, die mit offenem und demütigem Herzen an ein höheres Wesen gerichtet wird, um in uns selbst oder einem anderen einen Wandel zum Besseren zu bewirken? Wenn wir beten, bitten wir in Wirklichkeit um eine „Starthilfe" auf der kosmischen Ebene, und unser aktives Hoffen und Bitten, d. h. die Energie, die wir aussenden, wird durch göttliche Intervention verstärkt.

Der verbreiteten Redensart „Sei vorsichtig, was du dir wünschst, denn es könnte sich erfüllen" läßt sich entnehmen, wie häufig wir unsere Ziele auf der physischen Ebene dank einer großen geistigen oder gefühlsmäßigen Investition erreichen - wobei konkretes Handeln natürlich ebenfalls unterstützend wirkt. Der Zusammenhang zwischen Geist/Seele und dem Heilprozeß ist daher unschwer zu erkennen. Geist/Seele und Körper sind eine verkettete, geschlossene Einheit, in der sich das eine von dem anderen nicht trennen läßt.

Die Medizin der Neuzeit tendiert zur fachlichen Spezialisierung und zur Aufspaltung der Behandlung in immer weitere Unterdisziplinen. Jedem, der in jüngerer Zeit mit einem Krankenhaus Bekanntschaft gemacht hat, ist diese frustrierende Wahrheit bekannt. Jede Einzelabteilung verlangt ihre eigenen Blut-, Urin- und sonstigen Proben, selbst wenn man vor kaum dreißig Minuten erst in einer anderen Abteilung Proben abgegeben hat. Dabei mögen sich die verschiedenen ärztlichen Techniken zur Behandlung spezifischer Symptome (ja tatsächlich) aufs trefflichste eignen - doch wo bleibt die Heilkunst, die die Gesundheit des ganzen Menschen zu bewahren hilft? Ja, die moderne Medizin vollbringt tatsächlich Wunder, doch leider oftmals in entmenschlichender Weise und mit Nebenwirkungen, die fast so schlimm sind wie die Krankheit selbst. Der Weg, den wir letztlich beschreiten müssen, ist die Behandlung der Ganzheit - Körper-Geist-Seele.

Ein erster Schritt dahin findet mittlerweile statt - die Vereinigung der Schulmedizin mit den alten Heilmethoden. Die Ärzteschaft erkennt inzwischen (mehr oder minder bereitwillig) zahlreiche Naturheilmittel an und übernimmt sie in ihr Instrumentarium, die früher geringschätzig als Aberglauben abgetan wurden. So weist die Wissenschaft derzeit beispielsweise nach, daß gewisse Nahrungsmittel und Heilkräuter eine Fülle an medizinischen Wirkungen - heilender oder vorbeugender Art - besitzen.

Auch die aktuelle Debatte um den Einfluß von Elektrosmog bzw. elektromagnetischer Felder (EMF) auf den menschlichen Organismus wirft (unabhängig von ihrem Ausgang) zumindest die Frage auf, ob die Anwendung solch „guter" Technologien wie Fernsehen, Computer, zellularer Mobilfunk oder selbst Hochspannungsleitungen eine Kehrseite in Form erhöhten Krankheitsvorkommens einschließlich verschiedener Karzinome haben könnte. Unsere Gesundheit könnte mehr von einem heiklen Balanceakt an sich haben, als bislang vermutet wurde, wobei sich ein gutes elektrisches Gleichgewicht als ebenso wichtig herausstellen könnte wie ein gutes chemisches Gleichgewicht.

Die „Gesundheits- und Bewußtheitswelle" der jüngsten Zeit führt uns vor Augen, wie weit wir uns von dem Glauben entfernt haben, daß die Wissenschaft alle zur Gesunderhaltung nötigen Heilmittel zu liefern vermag und wir uns auf die Rolle des passiven Dritten beschränken können. „Iß gesünder und ausgewogener und mach dir Bewegung" tritt zunehmend an die Stelle von „Nimm doch einfach eine Tablette". Der Wunsch, unser Leben wieder in die eigene Hand zu nehmen, ist weitverbreitet - selbst wenn wir nicht wissen, wie oder warum wir eigentlich ursprünglich die Kontrolle darüber verloren haben.

Es ist lebenswichtig, die Verantwortung für die eigene Gesundheit zu übernehmen. Obwohl es richtig ist, daß wir uns auf

die Wunderwerke der modernen Medizin verlassen müssen, wenn
es zu größeren Problemen kommt, könnte doch eine geeignete
Vorbeugung in vielen Fällen eine solche Notwendigkeit von vorn-
herein ausschließen. So brauchen wir natürlich einen Chirurgen,
wenn es Zeit für eine Bypass-Operation ist - doch wäre es nicht
besser, den Bypass erst gar nicht zu benötigen?

Bei der Erhaltung der Gesundheit spielen geeignete Bewegung
und Ernährung eine entscheidende Rolle - doch wie steht es mit
der „geeigneten Einstellung"? Denn selbst wenn wir sämtlichen
Regeln einer gesunden Lebensführung (Leibesübungen, Diät, sämtliche Vitamine) aufs I-Tüpfelchen folgen würden, könnte uns noch
immer der Streß zum Verhängnis werden. Es sei noch einmal gesagt: Geist/Seele und Körper bilden nicht ein Konglomerat un-
abhängiger und selbständiger Organsysteme, sondern ein un-
trennbares Gespann, das sich fortlaufend gegenseitig beeinflußt.
Wie wir uns (seelisch und körperlich) fühlen, wird daher oftmals
mehr von unserer (positiven oder negativen) Einstellung uns selbst
gegenüber bestimmt als von irgendeinem rein körperlichen Zustand. Und wie es uns geht, läßt sich vielfach auch über unsere
Aura diagnostizieren.

Es mag zwar viele Jahre dauern - doch die Zeit könnte kommen, wo Aurasehen so allgemein betrieben und akzeptiert werden wird, wie dies im Altertum der Fall gewesen zu sein scheint.
Wäre es nicht herrlich, wenn wir diese Fertigkeit bis zu dem Punkt
(neu) entfalten würden, wo wir zu sehen vermögen, wenn jemand
lügt, weil sich seine/ihre Aura plötzlich dunkelgrün verfärbt? Oder
wo wir wissen, wenn ein geliebter Mensch dabei ist, eine Krankheit zu entwickeln, da sich seine Aura grau färbt?

Vielleicht werden Krankheiten, wenn wir erst einmal gelernt haben, diese feinen elektrischen Veränderungen wahrzunehmen, bevor sie sich als körperliches Unwohlsein manifestieren, ganz allgemein zurückgehen. Die Heilung unserer selbst und anderer mittels Energieübertragung mag dann zur Norm werden, anstatt wie bisher die seltene Ausnahme zu bilden - mit der Liebe als dem vorherrschenden energetisierenden Prinzip.

8

Aura und Beruf

Obwohl jeder Mensch eine andere Aura besitzt,
lassen sich doch gelegentlich Farben und Formen ausmachen,
die einem bestimmten Beruf zugeordnet werden können.

Obwohl jede Aura einzigartig ist, werden Ihnen allmählich bei den Aurafarben ähnlicher Menschentypen wiederkehrende Muster auffallen. Ich selbst konnte im Laufe meiner Lehrtätigkeit im Klassenzimmer (und später auch darüber hinaus) zahlreiche Menschen kennenlernen, die dafür ausgezeichnete Beispiele boten. Ihre Aura zeigte nämlich bestimmte Eigenschaften, die sich - Erfahrung vorausgesetzt - relativ leicht einem bestimmten Beruf oder Lebensstil zuordnen ließen. So gibt es z. B. eine „typische" Aura (mit charakteristischen Farben und Formen) für Ingenieure, Techniker, Krankenschwestern, Sekretärinnen, Künstler, Ärzte, Juristen, Rechtsanwälte, Landwirte und Musiker, so daß sich der Beruf eines

Menschen gelegentlich aufgrund seiner Auramerkmale bestimmen läßt.

"Aura-Beruferaten"

Ein kleines Spiel, das wir im Unterricht zu spielen pflegten, war „Aura-Beruferaten". Nach einer kurzen Beschreibung der vorhandenen Farben und Intensitäten und des Körperteils, den die einzelnen Farben betrafen, versuchte ich den Beruf der oder des Betreffenden zu bestimmen.

Einige ließen sich leicht erraten.

So weisen Krankenschwestern und -pfleger fast ausnahmslos die gleiche Farbe auf - Aquagrün -, was auf ihre Rolle als Pfleger und Betreuer zurückzuführen ist. So war z. B. die Aura einer unserer Krankenschwestern zartgrün, gleichmäßig und so leuchtend, daß viele sie auf Anhieb erkannten. Die Frau trug ein braunes Jackett über einem gelbbraunen Pullover, und um zu sehen, ob das einen Unterschied bewirken würde, bat ich sie, ihr Jackett kurz abzulegen. Tatsächlich verstärkte sich die Farbe dadurch, ohne sich allerdings zu verändern (im allgemeinen läßt sich eine Aura um so besser erkennen, je leichter der Betreffende gekleidet ist).

Da ich wußte, daß Grün (das der Schilddrüsengegend zugeordnet wird) die Farbe des inneren Gleichgewichts und des Heilens ist, war ich nicht überrascht zu erfahren, daß sie schon seit achtzehn Jahren als Krankenschwester und die letzten sechs Jahre davon im Hauspflegedienst arbeitete. Hellere Grüntöne sind stets ein Zeichen einer harmonischen und heilenden Natur und werden vermehrt in Pflegeberufen angetroffen. Grün gilt im übrigen auch als neutrale Farbe, da es im Farbspektrum zwischen den warmen Farben Rot, Orange, Gelb und den kühlen Farben Blau, Violett und Purpur angesiedelt ist.

Farben sind Schwingungen auf der visuellen Ebene, genau wie Töne vom Ohr registrierte Schwingungen sind. Zahlreiche Komponisten sind der Ansicht, daß Klang eine Wirkung auf die Seele hat, und verwenden bestimmte Tonarten, um damit musikalische „Farben" zu malen. So läßt sich zwischen der Farbe Grün und der Tonart F-Dur z. B. eine Verwandtschaft erkennen. Beethovens 6. Sinfonie, die *Pastorale* (1808), ist in dieser Tonart geschrieben, und die Titel der einzelnen Sätze wie z. B. „Erwachen heiterer Empfindungen bei der Ankunft auf dem Lande", „Lustiges Zusammensein der Landleute" lassen erkennen, daß der Komponist dabei tatsächlich die Farbe von grünem Gras im Kopf hatte. Pachelbels Kanon in D-Dur, der „Sonnenscheintonart", ist wiederum „gelb", und ein heitereres, fröhlicheres und mehr Auftrieb verleihendes Musikstück läßt sich kaum vorstellen. Wirkungen dieser Art lassen sich vielleicht damit erklären, daß die verschiedenen Schwingungen in unterschiedlichen Teilen von Körper und Seele Resonanz- oder Sympathieschwingungen hervorrufen.

Denkt man an die „grünen" Krankenschwestern, könnte es überraschend kommen, daß das Gros der Ärzte von dunkel- oder indigoblauer Farbe ist. Denn eigentlich würde man ja erwarten, daß dieser Berufsstand noch „grüner" sein würde. Doch hält man sich die Andersartigkeit ihrer Rolle im Gesundheitswesen vor Augen, macht das Ganze eigentlich Sinn. Ärzte „überlisten" Krankheiten, wenden chemische oder mechanische Heilverfahren an und müssen generell mehr Gebrauch von „kleinen grauen Zellen" machen. Ihre Methodik, die in einer kopflastigen Umgebung rigoros gelehrt und getestet wird, wird in Operationssälen, wo Emotionen deren Effizienz nur herabsetzen würden, kühl und sachlich verabfolgt. Blau, als die kühlere Farbe des Geistes und des Intellekts, macht daher für Ärzte vollkommen Sinn, da ein Großteil ihrer Energie auf gedankliche Tätigkeit verwendet wird. Der Ernst ihres Berufes kann bewirken, daß sich in ihrer inneren Aura eine große Menge von Dunkelblau oder Indigo manifestiert - Farben, die dem Kopfbereich zugeordnet werden.

Ein junger Freund, der mir gegenüber in derselben Straße in Georgetown wohnte, war Krankenhaus-Chirurg. Oft schwärmte er davon, wie schön es doch sei, in Menschen hineinzuschneiden. „Jeder gute Chirurg macht das gerne. Um auch nur halbwegs gute Arbeit zu leisten, mußt du wirklich scharf darauf sein." Er pflegte mich mit verschiedenen Fallgeschichten zu ergötzen und schien Vergnügen daran zu finden, mich auf meinem Stuhl hin- und herwinden zu sehen, während er seine Heldentaten im Operationssaal zum Besten gab - in plastischem Detail, versteht sich. Seine Aura strahlte dann in leuchtendem Gelb, während er sich mehr und mehr in die Freuden seines Berufes hineinsteigerte - „slash for cash" (für Bares aufschlitzen), wie er es nannte. Seine Aura gab dabei deutlich zu erkennen, wie sehr er seine Arbeit genoß - Gelb ist die Farbe der Freude und der Lebendigkeit und wird dem Herz- und Solarplexus-(Sonnengeflecht)-Bereich zugeordnet.

Als ich ihn eines Tages wiedersah, war er in merkwürdig gedämpfter und nachdenklicher Stimmung - seine Aura von drückendem Grau. Er hatte bei der Operation des CIA-Direktors William

Casey assistiert, die entgegen den Erwartungen verlaufen war. Statt einen einfachen Hirntumor zu entfernen, war das Chirurgenteam auf ein wucherndes Lymphom gestoßen, dessen Hauptmasse sich im Sprachzentrum befand, das nach Aussage meines Freundes „vollständig abgetragen" wurde.

Als ich erwähnte, daß die *Washington Post* vom gleichen Tage auf ihrer Titelseite gebracht hatte, daß die Operation erfolgreich verlaufen sei und daß Casey (der in die iranische Contra-Affäre verwickelt war) in zwei bis vier Wochen wieder an seinen Arbeitsplatz zurückkehren würde, entgegnete er in ruhigem Ton: „Er wird niemals aussagen können - er wird sogar nie wieder sprechen ... wir haben das ganze Teil herausgenommen ... in sechs Monaten ist er tot."

Seine Diagnose erwies sich als exakt, und seit diesem Tag habe ich dieselbe froh-gelbe Aura nie wieder bei ihm gesehen. Er war größtenteils zu Graublau geworden und zeigte nur dann hellere und heiterere Farben, wenn er auf dem Klavier Gershwin spielte. Es war, als ob ihm der Ernst seines Berufes allmählich aufgegangen wäre, als ob sein überragendes Selbstvertrauen durch das unsanfte Eindringen der Sterblichkeit einen Dämpfer aufgesetzt bekommen hätte. Statt sich, wie beabsichtigt, im weiteren auf Neurochirurgie zu spezialisieren, ist er heute als Arzt für Allgemeinmedizin tätig.

Weitere natürliche Berufe für „blaue" Menschen stellen technische Beschäftigungen und Naturwissenschaften dar. Ich habe mehrere Jahre in der Verteidigungs- und Raumfahrtbranche als technischer Personalmanager gearbeitet und hatte so die ideale Gelegenheit, die Aura zahlreicher Vertreter dieser Berufsgruppe zu begutachen.

Ich stellte jeweils sicher, daß hinter dem Stuhl, auf dem der Bewerber Platz nehmen würde, ein weißes Brett hing, und sah in dieser Umgebung buchstäblich Tausende von Bewerbern „Revue passieren". Bei der gewaltigen Mehrheit war die vorherrschende Farbe ein Blauton (worin es natürlich Ausnahmen gibt).

Ingenieure und Techniker weisen meist eine hell-, fast himmelblaue Farbe auf, die nicht weit vom Kopf abstrahlt. Ein verschwommenes oder wolkiges Blau läßt dabei einen Geist erkennen, der mit Problemlösung beschäftigt ist. Undurchsichtige oder trübe Farben zeigen ungelöste Situationen oder Kampf und Anstrengung an. Klarere bzw. durchsichtigere Farben lassen auf einen ruhigeren, gesetzteren Charakter schließen, und Durchsichtigkeit schließlich ist ein untrügliches Zeichen, daß Ziele erreicht oder eine Bestrebung abgeschlossen wurden. Eine solche Klarheit findet sich allerdings nur selten - vor allem nicht bei jungen Wissenschaftlern und Ingenieuren -, vielleicht weil diese erst am Anfang ihrer Studien bzw. Experimente stehen.

Die Kastenaura

Nicht nur die Farbe der Aura läßt „tief blicken", sondern auch ihre Form, denn beide lassen sich mit bestimmten Berufen in Zusammenhang bringen. Ungewöhnlich außer bei Ingenieuren und Technikern ist die quadratische oder Kastenaura.

Eines der eindrucksvollsten Beispiele einer Kastenaura wurde einmal von einer ganzen Klasse beobachtet. Ich hatte meine Schüler gebeten, ihre Eindrücke niederzuschreiben, ohne einen einleitenden Kommentar abzugeben. Unser „Versuchskaninchen" besaß eine absolut quadratische Aura, die aus der linken Seite des Kopfes kam und von dunkelblauer Farbe war. Als die Klasse diese Aura zu sehen begann, wurden Ausrufe laut. Ich bat jedoch um Ruhe und darum, das Gesehene einfach zu zeichnen oder niederzuschreiben.

Wie sich herausstellte, hatten volle drei Viertel der knapp sechzig Anwesenden einen blauen oder violetten Kasten gezeichnet, der aus der linken Seite des Kopfes kam. Keiner von uns war dann sonderlich überrascht, als der Betreffende erklärte, Leiter einer Washingtoner Baufirma zu sein. An jenem Abend hatte er zweifellos den Kopf voller geometrischer Figuren!

Ich kenne nur einen einzigen weiteren Menschen, dessen Aura eine solch vollkommene Kastenform aufweist - und zwar meinen Lehrer Mietek Wirkus. Mietek besitzt sogar zwei „Kästen": der kleinere erstreckt sich etwa acht bis zehn Zentimeter von der Mittellinie seines Kopfes nach oben und dann etwa dreißig Zentimeter nach links. Der zweite, erheblich größere steigt geradlinig von der Mittellinie seines Kopfes schätzungsweise sechzig Zentimeter nach oben und erstreckt sich dann nach rechts.

Wie schon gesagt, ist mir eine solche Aura ansonsten nie begegnet. Sie ist extrem selten, da die normale Aura gerundet ist und mehr oder weniger den Körperkonturen folgt. Mieteks Farbe entsprach jedoch dem, was man bei einem Heiler erwarten würde - gold- bzw. hellgrün und voller Kraft und Leben.

Ich kann auch nicht sagen, was diese Form zu bedeuten hat. Vielleicht hat sie etwas mit besonderen Begabungen oder außergewöhnlicher Hirnstromwellenaktivität zu tun, vielleicht wird sie auch durch eine Verletzung oder körperliche Eigenart hervorgerufen. In jedem Fall ist sie bemerkenswert selten, ohne daß die Betroffenen jedoch äußerliche Anzeichen einer Anomalie aufweisen würden. Ebenfalls eigentümlich ist die Tatsache, daß ich diese Form - mit Ausnahme meines Lehrers - nur bei Menschen in technischen Berufen entdecken konnte.

Das Dreieck bzw. die Narrenkappe ist erheblich weniger selten, doch ebenfalls eher ungewöhnlich. Im Unterricht konnten wir diese Form zahlreiche Male beobachten, wobei sie in der Regel entweder golden oder violett/purpurrot war. Bei den „Trägern" dieser Formen ließ sich allerdings kein bestimmter Lebensstil oder beruflicher Zusammenhang ausmachen; einige berichteten jedoch von einem überdurchschnittlichen Bewußtsein für spirituelle Belange oder übersinnliche Phänomene.

Vereinzelt wird von Schülern berichtet, daß ich gelegentlich aussehe, als ob ich über dem Kopf ein dreieckiges Licht oder keilförmig angeordnete Lichtstrahlen trüge. Diese Dreiecksform wird vor allem dann an mir beobachtet, wenn ich ausgeruht und unbelastet bin, oft direkt nach längerem Gebet oder Meditation. Auch meine Farben wirken zu diesen Zeiten lebendiger und tendieren zu leuchtendem Gelb oder Gold in der ätherischen (inneren) und Purpur in der astralen (sekundären) Auraschicht.

Wenn ich vor einer Klasse stehe, tief atme und mich auf liebevolle Gedanken konzentriere, kann ich fühlen, wie sich in meinem Körper ein Gefühl der Wärme ausbreitet und wie mir ein Prickeln das Rückgrat entlang nach oben in Kopf und Hände schießt. Während ich so von Energie durchflutet werde, nehmen manche goldene oder silberne Lichtformen oder -strahlen wahr, die von meiner Gestalt in alle Richtungen und weit nach oben strahlen. Wenn die Gefühle schließlich abzuklingen beginnen, erfolgt häufig der Kommentar, daß das „Licht ausgeschaltet worden" sei; Form oder Farbe der Aura verändern sich und kehren wieder zum Normalzustand zurück.

Was immer das heißen mag.

9

Die spirituelle Aura

Das Talent zum Aurasehen tragen wir alle in uns. Genauer gesagt,
wir sehen das menschliche Energiefeld die ganze Zeit,
sind uns dessen jedoch nicht bewußt.

Als eine Freundin einmal meine Aura betrachtete, bemerkte sie, daß „Lichtkugeln - goldenes Licht" über meinem Kopf und meinen Schultern „schwebten". Bei einer anderen Gelegenheit nahm sie „Lichtgestalten" wahr - „Geistführer, denke ich - aber mit Sicherheit drei Wesen auf jeder Seite und hinter" mir. Ein paar Monate später war sie sich während einer weiteren „Besichtigung" sicher, den „Umriß einer Gestalt" zu sehen, „eine sehr große Figur, direkt hinter dir und um dich herum".

Ich fragte schließlich, was diese Gestalten zu bedeuten hätten und ob das Ganze nicht etwas ungewöhnlich sei. „Für dich anscheinend nicht", meinte sie. „Und ich sehe sie auch bei anderen recht häufig."

Diese Antwort verblüffte mich, weil ich solche Erscheinungen noch nie beobachtet hatte. Und jetzt erzählte sie mir, sie sähe sie die ganze Zeit!

Ich wußte (und weiß eigentlich noch immer) nicht so recht, was ich davon halten soll. Es ist ja denkbar, daß sie hellseherisch begabt ist und daß wirkliche Hellseher diese Gestalten ganz selbstverständlich zu sehen bekommen. Sie selbst war auch weder überrascht noch beunruhigt, wenn sie diese zu Gesicht bekam; sie bezeichnete sie an irgendeinem Punkt einfach als „Geistführer". Und da ich mich erinnere, als Kind „Schutzengel" gesehen zu haben, sollte ich vielleicht nicht allzu besorgt sein. Vielleicht handelt es sich ja dabei schlicht um eine weitere natürliche Gabe, die uns allen in die Wiege gelegt wurde, die im Laufe unserer kulturellen und gesellschaftlichen Indoktrinierung jedoch verlorengeht oder vergessen wird. Hellsichtigkeit könnte ein „Andenken" an diese angeborenen Fähigkeiten darstellen, zu denen einige Menschen leichter Zugang finden als andere.

Was ich hingegen mit Bestimmtheit sagen kann, ist, daß wir alle die menschliche Aura sehen können. Genauer gesagt, sehen wir sie sogar die ganze Zeit, sind uns dessen jedoch nicht bewußt. Denn nur wenn wir den rationalen, kognitiven Teil unseres Gehirns „abstellen", können wir dem intuitiven Teil gestatten, das menschliche Energiefeld zu „sehen". Dabei wird wohl nicht jeder Farben (geschweige denn andere Wesen) zu Gesicht bekommen - doch ist mir noch kein Mensch begegnet, der nicht nach ein, zwei Minuten Übung mit ein, zwei „Versuchskaninchen" unter Beachtung der richtigen Technik und Lichtverhältnisse zumindest das Feld rund um Kopf und Schultern gesehen hätte.

Selbst wenn die Bedingungen nicht optimal sind (Neon- oder Leuchtstofflampen, gemusterte oder farbige Tapeten, zu geringer Abstand zur Testperson) sehen doch die meisten beim ersten Versuch zumindest e t w a s.

Dies habe ich oftmals auch Skeptikern beweisen können, die dies (wie auch ich vor vielen Jahren) für unmöglich hielten. Wir wählten dazu jemanden aus, der in einiger Entfernung in einem Restaurant oder einem anderen öffentlichen Ort saß, und „unkonzentrierten" uns möglichst unauffällig auf seine Aura. Ein solches Vorgehen ist zwar nicht immer von Erfolg gekrönt, klappt jedoch in der Mehrzahl der Fälle.

Dies läßt sich natürlich viel einfacher in einem Unterrichtsraum bewerkstelligen, da die Aura wegen besserer Beleuchtung und einem geeigneteren Hintergrund hier leichter zu sehen ist.

Die Aura von Pflanzen

Meine hellsichtige Freundin, eine wirklich begabte Frau, nimmt Auren seit über dreißig Jahren wahr. Ihr ausgeprägtes Beobachtungsvermögen hat sie dabei ursprünglich an Pflanzen gewonnen (sie benutzte dazu klein- und dichtwüchsige Exemplare als Versuchsobjekte). Das Feld von Pflanzen ist hochkonstant und gleichförmig und trotz seiner zarteren Qualität leichter zu erkennen als die menschliche Aura.

Versuchen Sie es!

Stellen Sie eine kleinwüchsige, gesunde Pflanze auf einen Tisch in die Nähe einer Lichtquelle. Richten Sie wie zuvor Ihren Blick an der Pflanze vorbei (als ob sie gar nicht da wäre), entweder auf einen anderen Teil des Tisches oder auf die dahinter befindliche Wand. Um die Umrißlinie, dort, wo sich Blätter und Luft „berühren", sollten Sie ein hellgrünes Flimmern wahrnehmen. Dabei leuchtet die Aura einer Pflanze um so intensiver, je dichter, gesünder und kräftiger sie ist.

Es macht auch Spaß, die Wirkung von Substanzen zu beobachten, die in die Nähe der Pflanze gebracht werden. Sobald Sie einmal eine „Basis"-Aura festgelegt haben, versuchen Sie es z. B. mal mit einem schmalen Glas Rotwein. Stellen Sie dieses ganz nahe an das Feld der Pflanze - doch nicht direkt in dieses hinein. Innerhalb von ein, zwei Minuten sollten Sie eine erhöhte Lebendigkeit und eine gewisse Ausdehnung beobachten können. Die Pflanze könnte sogar so aussehen, als ob sie nach dem Glas greifen und einen Schluck daraus nehmen wollte! Bei einem einfachen Glas Wasser tritt dieser Effekt nicht ein - außer wenn die Pflanze ausgetrocknet ist. Versuchen Sie das gleiche mit einem magnetischen Gegenstand und Sie werden die entgegengesetzte Wirkung beobachten. Auch metallische Objekte rufen bei Pflanzen meist ein ähnliches (wenn auch weniger ausgeprägtes) Abwenden hervor. Die gleiche Reaktion läßt sich im übrigen auch in der menschlichen Aura verfolgen, wenn sie mit Gegenständen dieser Art in Berührung kommt. Wenn der Magnet stark genug ist, wird die Aura sogar gänzlich „geschluckt" und verschwindet!

Pflanzen können auch gut zur Übung verwendet werden, wenn keine menschlichen „Versuchsobjekte" an der Hand sind. Meine Freundin, die das Aurasehen an Pflanzen erlernt hat, schwört darauf, daß dies die leichteste und beste Methode sei. Sie ist eine der fähigsten Aurasichtigen, die mir jemals begegnet sind - wer bin ich also, daß ich mit Erfolg streiten könnte? Vielleicht erklärt sich ihr phänomenales Talent auch dadurch, daß sie über dreißig Jahre lang aktiven Gebrauch davon gemacht hat; trotz alledem verwendet sie jedoch noch immer Zeit darauf, - neben Menschen - auch verschiedene Pflanzen zu beobachten.

Die heilige Aura

Auch in Gotteshäusern dürften Sie eine friedliche Umgebung zur Beobachtung menschlicher Energiefelder vorfinden. Die Predigt sollte beispielsweise eine ausgezeichnete Gelegenheit bieten, Strahlen (um den Redner herum) oder sogar ein voll entwickeltes Energiefeld zu beobachten, vor allem, wenn sie mit wirklichem Gefühl und Ehrfurcht vorgetragen wird. Zum Priesteramt Berufene sollten spirituelle Qualitäten besitzen, die sich u. a. auch in der Aura niederschlagen. Die wahrhaft religiösen, egal welcher Glaubensrichtung, weisen dabei stets Farben des höheren Frequenzbereichs auf (meist Indigo, Violett oder Purpur), mit denen vielfach auch Gold und Silber vermischt sein können. Auch die Heiligen werden ja in allen Kulturen mit silbern oder golden strahlenden Aureolen dargestellt, und nie mit roten, braunen, grünen oder schwarzen.

Wie kommt es dann, daß sich Priester und Geistliche traditionell in Schwarz kleiden? Nun, dafür gibt es triftige Gründe, die sowohl theologischer wie praktischer Natur sind, u. a. der Wunsch, bescheiden, demutsvoll und nicht weltlich gesinnt zu erscheinen, d. h. über jegliches Interesse an Modeströmungen oder der „Verherrlichung des Fleisches" erhaben zu sein. Das Augenmerk des Geistlichen sollte schließlich auf das geistige Leben gerichtet sein. Schwarz ist ja eigentlich keine Farbe, sondern vielmehr ein Fehlen von Farbe. Da es absorbierend wirkt und keinen speziellen Farbton reflektiert, drückt es das Fehlen von Vorlieben aus. Auf der metaphorischen (bildlichen) wie auf der metaphysischen (übersinnlichen) Ebene ist Schwarz ideal für jene, die täglich beten: „Herr, fülle mich mit deinem Segen... denn Du bist das Licht der Welt. " *Lux aeterna luceat eis* - möge das ewige Licht ihnen leuchten.

Wie steht es mit den Farben der priesterlichen Amtstracht? Zu verschiedenen Zeiten des Jahreszyklus und an bestimmten Fest- und Feiertagen werden ausschließlich spezifische Farben getragen. So ist Rot z. B. für Fest- und Feiertage von Märtyrern sowie für Pfingsten reserviert, den Tag, als Christus in den Himmel auffuhr und über den Köpfen der Apostel Flammen erschienen. Weiß ist für die wichtigsten Ereignisse des liturgischen Kalenders - Ostern und Weihnachten - vorgesehen. Purpur wird in der Adventszeit getragen sowie in der Fastenzeit, d. h. der Zeit der Selbstverleugnung vor der Auferstehung Christi zu Ostern. Grün wird während des restlichen Jahres getragen und ist jene Farbe, die wir normalerweise zu Gesicht bekommen. Diese Farben begleiten den christlichen Ritus und Gottesdienst seit fast einem Jahrtausend, und dies ist nicht zufällig so.

Historisch war Purpur für die Roben und Talare der höheren Ränge der katholischen Kirche und der Fürsten- und Königshäuser reserviert. „Zum Purpur hingezogen" ist eine uralte englische

Redewendung, die Aufstiegsbestrebungen innerhalb dieser hierarchischen Institutionen bezeichnet. Einer meiner jesuitischen Philosophielehrer kehrte seinem Orden von heute auf morgen den Rücken, blieb jedoch weiterhin Geistlicher, um seinem Ruf zum Purpur zu folgen - er war der Ansicht, daß ihn nicht der Lehrberuf, sondern das Seelsorgeramt schneller die Leiter hinauf führen würde.

Erneut sehen wir also, daß sich Farbe im Leben für vielerlei Zwecke einsetzen läßt und nie als „gegebene Größe" betrachtet werden sollte. Der spirituelle Charakter und die Wirkung bestimmter Farben, vor allem der schwingungsmäßig höheren wie Violett, Indigo und Purpur, auf die Aura sind seit Jahrtausenden bekannt. Wenn diese Farben im Energiefeld überwiegen, können Sie mit Sicherheit davon ausgehen, daß Sie einen spirituell bewußten Menschen vor sich haben.

10

Charisma

"Mancher wird groß geboren, mancher erlangt Größe
und manchem wird Größe aufgedrängt" - doch Shakespeare
könnte ebensogut die verschiedenen Wege beschrieben haben,
auf denen sich Charisma erreichen läßt.

Nicht nur meine Fähigkeit zum Aurasehen hat sich mit der Zeit erweitert, sondern auch mein Aktenordner voll interessanter „Fallbeispiele". Ich habe ja im Laufe meiner bisherigen musikalischen Laufbahn, die fast die Hälfte meines Lebens umspannt, mit zahlreichen berühmten Menschen zusammengearbeitet, wobei ich auch mit jenen in Berührung kam, denen man jene seltene Gabe nachsagt - Charisma.

Was ist Charisma?

Wie läßt es sich beschreiben?

Wer besitzt es und wie erringt man es?

Gelegentlich wird behauptet, daß es sich bei Charisma um erotische Anziehungskraft handele. Andere würden es vielleicht eher als körperliche Attraktivität definieren, die mit einer emotional geladenen und extrovertierten Persönlichkeit gekoppelt ist. Wieder andere könnten körperliche Merkmale ausklammern und statt dessen von einem eindrucksvollen Auftreten sprechen, das Persönlichkeit und Schönheit in den Hintergrund treten läßt.

Doch alle sind sich insoweit einig, als daß gewisse Menschen es einfach besitzen, und daß es kaum zu verkennen ist.

Wie sieht die Aura eines solchen Menschen aus? Zunächst einmal ist dazu zu bemerken, daß nicht nur alle charismatischen Menschen einzigartig sind (und nicht notwendigerweise berühmt sein müssen), sondern daß auch nicht alle berühmten Menschen über Charisma verfügen. „Mancher wird groß geboren, mancher erlangt Größe und manchem wird Größe aufgedrängt" - doch Shakespeare könnte ebensogut die verschiedenen Wege beschrieben haben, auf denen sich Charisma erreichen läßt... Es gibt kein starres, immer wiederkehrendes Muster oder eine solche Farbe, wie ich sie bei anderen Menschengruppen (z. B. Ingenieuren und Krankenschwestern) beobachten konnte. Doch jeder Mensch mit Charisma besitzt in irgendeiner Form Macht oder Kontrolle über sich selbst und andere, die gewöhnlich über reines Ego hinausgeht (wobei letzteres auch nicht mit Charisma verwechselt werden sollte, da es bezüglich Energie und Farbe erheblich tiefer liegt).

In manchen Familien finden sich gleich mehrere Menschen, denen diese spezielle Gabe in der einen oder anderen Form eigen ist. Einmal durfte ich eine solche Familie unter einem Dach versammelt beobachten, die diese Gabe gleich über drei Generationen verteilt besitzt: Janet Auchincloss, deren Tochter, die verstorbene Jackie Onassis, und deren Enkelin Caroline Kennedy.

Fast zufällig hatte es sich ergeben, daß ich während der Austragung der America's Cup Rennen[1] im Spätsommer 1983 bei einer Familienfeier zur Taufe von Janet Auchincloss' Urgroßnichte Alexandra im Yellow House bei Hammersmith Farm in Newport, Rhode Island, zugegen war.

Ich war Gast von Jamie Auchincloss, den ich durch einen gemeinsamen Freund aus Washington kannte, und war einer von drei Nichtfamilienmitgliedern in einer Gruppe von etwa zwei Dutzend Personen. Dieser Freund, ich selbst und der die Taufe vollziehende Geistliche erhielten so einen raren Einblick in die Welt dieser Familie und dieser drei Frauen, deren Ähnlichkeiten und Unterschiede ich im Laufe des Tages an verschiedenen Schauplätzen beobachten konnte.

Die ursprüngliche Planung hatte vorgesehen, daß ich nach der Taufzeremonie spielen würde; aufgrund verschiedener Komplikationen war ich dann jedoch lediglich Gast im Hause (und später am Nachmittag am Privatstrand der Familie). Für drei Tage darauf war jedoch ein großes Picknick im Freien angesetzt, zu dem man mich als Musiker lud; auf diese Weise erhielt ich eine weitere Gelegenheit zur Beobachtung dieser Familie sowie zahlreicher weiterer Persönlichkeiten, einschließlich solcher aus fürstlichem Hause.

Da ich am Tauftag nicht arbeiten mußte, bot dieser jedoch die reichlichste Gelegenheit, diese drei Generationen großer Frauen in entspannter Atmosphäre bei sich zu Hause zu beobachten - so entspannt sogar, daß ich Jackie sehen konnte, wie sie - „mit Größe aufgedrängt" - ihrer Schwester Lee ein Stück Tauftorte

---

1. Ein internationales Segelbootrennen

ins Gesicht warf, während ihr ein weiteres ins eigene Gesicht geschmettert wurde und beide wie Schulmädchen lachten und kreischten...

Als sie ihre Fassung wiedergewonnen hatten, waren die Unterschiede in ihren Energiefeldern auffallend: Jackie bei weitem die Strahlendere, Lee reservierter und dunkler. Wenn ich versuchen sollte, das Ganze zu beschreiben, würde ich sagen, daß Lee mehr Ego und Jackie mehr Charisma aufwies. Lee war von einer gedämpften Dunkelheit umgeben, die ihrer Schwester völlig fehlte. Dies widersprach natürlich dem, was man bei Jackie im Lichte der historischen Tatsachen erwarten würde, doch sie leuchtete tatsächlich in klarem Gelb, Gold und Rosa (wobei letzteres mit Purpur abwechselte).

Ihre kaleidoskopartige Aura an jenem Tag war wirklich eindrucksvoll. Ein solches Energiefeld deutet auf ein sehr komplexes, doch gutherziges Wesen hin. Sie besaß Elemente von Zurückhaltung (Rosa) in Verbindung mit starker Religiosität (Purpur), unterstützt von immanenter Liebe und Hinwendung zum Nächsten (Gelb), sowie hoher persönlicher Entwicklung mit mentaler, emotionaler und spiritueller Kontrolle (Gold).

Im persönlichen Umgang war Jackie ein wenig kühl und zurückhaltend - ganz wie ihre Tochter. Caroline, die abseits und alleine auf einer Liege auf der Veranda in der Nähe der Hausecke ruhte und von dort aus die Versammlung beobachtete, wirkte ätherisch und durchscheinend - in gewisser Weise fast geisterhaft, mit zarten Pastellfarben, die ihren Kopf und ihre Schultern in einem schmalen, hellgrün-blaßblauen Band umrahmten. Während die Augen ihrer Mutter unaufhörlich in die Runde schweiften und nie allzulange an einem Punkt verharrten, besaß Caroline einen ruhigen und durchdringenden Blick, der Intelligenz und totale Fassung verriet. Und auch sie schien unnahbar.

Sie blieb mindestens eine halbe Stunde lang so liegen, ohne daß sie jemand stören kam. Mein Blick wurde immer wieder zu ihr hin gezogen, ja, ich mußte sogar gegen einen Drang ankämpfen, zu ihr hinüberzugehen und mit ihr zu sprechen. Sie besaß tatsächlich Charisma - aber es schien sie fast wie ein kristallenes Schneckenhaus zu umschließen und zu isolieren und jegliche Annäherung unangemessen erscheinen zu lassen.

Mein Freund, der jahrelang offen davon geträumt hatte, daß er sie einmal kennenlernen und schließlich heiraten würde, und sie gemeinsam den großen Liebessagen der Vergangenheit neues Leben einhauchen würden, war wie erstarrt und unfähig, sich dem Objekt seiner Wünsche und Begierden zu nähern. Dabei ist er nicht gerade der zurückhaltende Typ - er war Kommandeur einer Elitetruppe in Vietnam und hat eine Polioinfektion überlebt. Doch Carolines Auftreten und Haltung waren derartig einschüchternd, daß er wie alle anderen eine respektvolle Distanz zu ihr wahrte - sogar nachdem sie aufgestanden und ins Haus zurückgekehrt war. Ich sah sie nur mit ihrer Tante und ihrer Großmutter sprechen, die sie beide sehr gern zu haben schien.

Aber wer hätte Janet nicht gern haben können - so umgänglich, warm und freundlich, wie sie war! Sie vermittelte mir das Gefühl, wirklich willkommen zu sein, und schien sich aufrichtig für mich und meinen musikalischen Werdegang zu interessieren. Janet Auchincloss, die durch eine Reihe von Ehen mit berühmten und mächtigen Männern zu Größe gelangt und Mutter der vielleicht meistbewunderten Frau der Erde war, war die Ahne all jener, die sie an jenem Tag „Revue passieren" ließ, und bot auch selbst ein höchst faszinierendes Bild.

Ihre Aura war bernsteinfarben und spielte ins Orangene, was Vitalität und körperliche Energie sowie eine warme Persönlichkeit erkennen läßt. Ein goldenes Leuchten schien sich weit um sie zu verbreiten, dessen sanfter und tröstlicher Schimmer die Menschen in ihre Nähe zog. Wie sie bei der Verandatür stand, umringt von Familienmitgliedern und beleuchtet von dem sanften Licht der Nachmittagssonne, schien sie von fast königlicher Statur, und plötzlich hatte ich das Gefühl, daß sie in Wirklichkeit in eine andere Zeit gehörte. Vielleicht werden ihre Nachkommen in späteren Jahren die gleiche Aura aus Edelmut und Majestät annehmen - doch an jenem Tag war Janet an Anmut, Liebreiz und wahrem Charisma unübertroffen.

Bei einem Vergleich der drei Frauen schien Jackie die komplexeste Ausstrahlung zu besitzen, ihre Aura zeigte Feuer, Glanz und zahlreiche bunte Facetten wie ein Diamant. Sie war auch von allen die Lebhafteste, doch auf kontrollierte Weise. Caroline wiederum war intelligent, reserviert, ruhig und gelassen und hielt einen Großteil ihrer Energie in Schach. Sie verströmte Ruhe, Kühle und Gelassenheit, die, ohne hochnäsig zu sein, jeglichen Wunsch nach Nähe im Keime erstickte. Sie war von allen die am wenigsten zugängliche. Janet wiederum verkörperte das genaue Gegenteil - was u. a. auch daran gelegen haben mag, daß sie sich, im eigenen Heim und im Kreise ihrer Familie an einem schönen Tag, an dem ein freudiges Ereignis begangen wurde, ganz in ihrem Element gefühlt haben muß.

Obwohl einander recht unähnlich, boten die drei doch jede auf ihre eigene Weise eine wandelnde Illustration des Wortes *Charisma*. Ich habe natürlich auch Berühmtheiten getroffen, die nicht besonders charismatisch waren. Dies trifft z. B. auf gewisse Mitglieder des europäischen Hochadels zu, die ich in der folgenden Woche auf Parties kennenlernen durfte. Prinz Michael of Kent war solch ein Mensch, der voll auf dem Boden der Tatsachen stand - das heißt, nachdem er aus seinem Heißluftballon geklettert war! Er wirkte völlig normal und zugänglich und hatte eine rötlich-braun-orangene Aura. Diese Farben lassen beachtliche körperliche Anlagen erkennen und sind mit dem zweiten Chakra verbunden, das mit der körperlichen Gesundheit zusammenhängt. Ich wurde mit ihm unmittelbar vor meinem Auftritt bekannt gemacht und konnte zu diesem Zeitpunkt keine besondere Anziehungskraft bei ihm entdecken.

Ähnlich erging es mir mit dem verstorbenen bayerischen Prinzen Johannes von Thurn und Taxis, den ich bei einem Picknick auf dem Hügel von Hammersmith Farm traf, von wo aus man die Segelboote beobachten kann. Ich sah ihn in jener Woche drei Mal anläßlich verschiedener America's-Cup-Partys in Newport - eine davon auf seiner Yacht, zu der man mich als Musiker geladen hatte - und sah dabei zu keinem Zeitpunkt etwas, das Charisma auch nur im entferntesten geähnelt hätte; er schien im Gegenteil eher etwas dekadent und geltungsbedürftig zu sein. Es war schwierig, bei ihm überhaupt ein Energiefeld wahrzunehmen, und das wenige Vorhandene war dunkel und zerklüftet, matt und glanzlos. Ein solches Energiefeld läßt sich u. a. bei deprimierten oder von chemischen Präparaten abhängigen Menschen beobachten - solchen, die das Kreuz der ganzen Welt auf sich genommen haben. Vielleicht war er ja wirklich körperlich krank und stand unter medikamentöser Behandlung, was auf die Aura einen äußerst abträglichen Einfluß haben kann.

Jedenfalls war die Stimmung an Bord seiner Yacht am Abend seiner Party festlich und fröhlich. Um das gebleichte Teakholzdeck nicht zu beschädigen, liefen die zahlreichen High-Society-Gäste auf bestrumpften Füßen herum. Ich selbst machte, ebenfalls bestrumpft, gitarrezupfend zwischen Smokings und schicken Ballkleidern die Runde und notierte die musikalischen Wünsche. Alle Welt schien sich großartig zu amüsieren.

Während ich an einem Tisch haltmachte und für eine junge Schönheit ein Lied spielte, fiel mir ihre feurige Aura auf. Diese war leicht zu erkennen, da die Beleuchtung von weichem Kerzenlicht kam und ein frisch gestrichenes weißes Schott den Hintergrund bildete. Ich fand später heraus, daß es sich bei der jungen Dame um Prinzessin Gloria handelte, der Frau von Thurn und Taxis, die angeblich auf einen ebenso langen fürstlichen Stammbaum zurückblicken kann wie Prinz Johannes. Wir plauderten anschließend einen Moment, und es stellte sich heraus, daß sie bezüglich der aktuellen amerikanischen Musikszene überraschend gut informiert war - sie bat mich um mehrere Songs, die ich nur allzugern für sie spielte.

Ihre Aura, die mir lebhaft in Erinnerung ist, sah aus wie ein *candy cane* [4], und jede der verschiedenen Farben lag übergangslos nebeneinander. Eine solche Aura findet sich nur selten und

---

4. Ein rot und weiß gestreifter kleiner Spazierstock aus Zuckermasse

gewöhnlich bei Kindern oder Teenagern europäischen Ursprungs, gelegentlich jedoch auch bei Erwachsenen rein afrikanischer oder indischer Abstammung. Bei erwachsenen weißen Männern habe ich sie nur drei Mal zu Gesicht bekommen, und vor jener Nacht kein einziges Mal bei einer erwachsenen weißen Frau.

Und daß sie eine Frau war, stand außer Zweifel - sie war die Königin des Balles bis weit in die Morgenstunden hinein. Ich sah sie in der gleichen Woche noch ein weiteres Mal bei einer Abendgesellschaft, die von „Foxy" Carter, dem damaligen Einsatzleiter der CIA in Südostasien, in seinem Heim in Newport ausgerichtet wurde. Gloria war bei jener Party nur ein klein wenig gedämpfter als zuvor - doch da ich mit Spielen beschäftigt war, fehlte mir weitgehend die Muße, sie eingehend zu studieren.

Prinzessin Gloria besitzt, vielleicht auch aufgrund ihrer Jugendlichkeit und ihres beträchtlichen Altersunterschieds zu Prinz Johannes, eine recht lebendige und ungewöhnliche Aura. Sie ist auch, soweit mir bekannt ist, der einzige Mensch aus fürstlicher Familie, der so etwas wie eine charismatische Ausstrahlung besitzt.

Abschließend sei noch einmal betont, daß Charisma und Berühmtheit nicht Hand in Hand gehen müssen. Auch Sie haben sicher einmal einen Menschen gekannt - sei es ein Lehrer, ein Schulkamerad oder auch ein Arbeitskollege - der diese Eigenschaft besaß. Dieser wird in den allermeisten Fällen wohl keinen allseits bekannten Namen getragen haben, was seiner Ausstrahlung jedoch keinen Abbruch tat.

11

Aura und Entertainment

Manch Entertainer, mit dem ich beruflich zusammenkam,
ist hinter der Bühne fast nicht wiederzuerkennen.
Doch einmal ins Rampenlicht vor Tausende
bewundernder Fans gestellt, und es vollzieht sich
eine phänomenale Wandlung.

Was ist es, das Konzerten und Vorstellungen ihre Magie verleiht? Was macht sie häufig so unwiderstehlich? Was macht die eine Vorstellung, das eine Konzert, großartig, und das andere nur Dutzendware? Könnte es sein, daß sich in einem Fall ein feinstofflicher Energieaustausch vollzieht, der in dem anderen fehlt? Könnte es sein, daß die Aura des Künstlers das Publikum berührt?

Janis Joplin verglich Bühnenauftritte mit Sex - nur daß erstere besser seien! Ich selbst kann dazu aus meiner Erfahrung als Musiker berichten, daß es tatsächlich Momente gibt, in denen ich so mit dem Publikum in Verbindung stehe, daß ich von einer Art postkoitaler Euphorie überflutet werde - besonders, wenn die Wellen des Applauses höher und höher aufwogen und schließlich wie eine Brandung um mich zusammenschlagen. „Das Publikum hat mir aus der Hand gegessen" - das hat wohl jeder Künstler schon mal gesagt, der mehr als einmal vor einem Publikum stand und es genoß. Auf der Bühne zu stehen ist entweder eine fürchterliche Erfahrung, die man für nichts auf der Welt ein zweites Mal durchmachen möchte - oder eine ungeheuerliche, unvergeßliche Aufregung. Und alles hängt davon ab, ob es gelingt, sich in das Herz des Publikums zu stehlen...

Ein guter Entertainer hebt unsere Stimmung und läßt uns unsere Sorgen eine Zeitlang vergessen. Ob es sich dabei um Musik, Schauspiel, Tanz oder auch nur um Geschichtenerzählen rund ums Lagerfeuer handelt - die Zuhörerschaft versinkt in der Welt des Künstlers. Magie „passiert" und der Alltag wird transzendiert, wenn der Zauberspruch gesprochen ist und Künstler und Publikum gemeinsam eine Welt kreieren. Die Gruppenaura, die dabei erzeugt wird, ist von allen Anwesenden fühlbar - und auch sichtbar, wenn man die Gruppe als Ganzes zu überblicken vermag.

Einer jener Künstler, der völlig darauf angewiesen ist, eine direkte, persönliche Verbindung zum Publikum herzustellen, ist der Komiker. Vermag er sich nicht „rüberzubringen", ist das Ganze für ihn wie für das Publikum eine höchst peinliche Erfahrung. In der Regel kann er sich ja nirgendwo verstecken - kein Instrument, hinter das er sich flüchten, kein Lied, das er vortragen könnte - eben nur Witze, die nicht besonders komisch sind. Dieselben Witze könnten, von jemand anderem erzählt, durchaus zum Kreischen komisch sein - aber eben nur, wenn zuerst und zunächst eine aurische Verbindung mit dem Publikum geschaffen wird.

Yakow Smirnoff hatte diese Lektion schon von alleine gelernt, als er als Komiker zu arbeiten begann. Als kürzlicher Einwanderer aus dem damaligen Sowjetrußland hatte er die englische Sprache als Tellerwäscher in Catskills-Klubs erlernt, wo er den Nummern verschiedener Komiker lauschte. Obwohl sein Akzent und sein Timing fürchterlich waren, gefiel mir eine Sache an ihm auf Anhieb - seine starke Bühnenpersönlichkeit und seine Entschlossenheit, es zu versuchen.

Lange bevor er der Star seiner eigenen Fernsehshow wurde, konnte ich ihn an einem Wochenende, an dem wir uns die Bühne eines Washingtoner Komödienklubs teilten, beim Ausfeilen seiner Kunst beobachten. Sein Humor basierte auf seinen Erfahrungen in Rußland und Amerika, wobei er bezüglich allem Amerikanischen noch immer unter „Kulturschock" stand. Voll kindlichen Staunens und Ehrlichkeit hielt er uns mit der humorigen Darstellung der Widerwärtigkeiten seines Lebens einen Spiegel vor, in dem wir nicht nur die Welt von Yakov, sondern auch unsere eigene Welt mit russischen Augen erblicken konnten. Sein Publikum war dabei im allgemeinen wegen seiner Ehrlichkeit und seiner sympathischen Aufregung tolerant. Yakovs eigentliches Talent liegt damit in der Fähigkeit, ein Einvernehmen mit dem Publikum zu erzeugen, das kulturelle, linguistische und nationale Barrieren übersteigt, d. h. es fertigzubringen, enorme potentielle Hemmschuhe in kostbare Gelegenheiten zur Einheit zu verwandeln.

Große Künstler überbringen immer eine Wahrheit. Diese Wahrheit mag dabei nicht immer schön sein, noch stets sogleich erkannt werden, doch wenn Wahrheit und Schönheit zusammenkommen, entsteht ein Moment der Ekstase. Die griechische Wurzel dieses

Wortes, *ek histemi*, bedeutet wortwörtlich: „Aussichherausgetretensein", oder, in der heutigen Umgangssprache ausgedrückt, etwa „ganz weg sein...". Vielleicht befreit uns die Wahrheit auf mehr als nur eine Weise.

Der größten Kunst, egal unter welchem Gesicht sie sich präsentiert, wohnen fast immer Elemente von Körper, Geist, Herz und Seele inne. Sie ruft in einigen (oder allen) dieser Aspekte - die Aspekte unseres wahren Seins sind - ein Echo hervor und zieht uns so aus uns heraus in Richtung einer höheren Bewußtseins- und Verständnisebene. Und es ist diese Bekräftigung unserer wahren Natur, die den großen Reiz aller Bühnenkunst ausmacht. Es ist die Bekräftigung dieser „ekstatischen" Momente, die uns immer wieder zurückbringt, um erneut den Zauber dieser transzendenten Augenblicke zu genießen. Und sowohl Künstler wie Publikum werden von dieser symbiotischen Beziehung im tiefsten Inneren genährt.

Kraftspendende Momente dieser Art mögen auch die unglaubliche Langlebigkeit so mancher Künstler erklären. So sind Komiker wie Bob Hope und Henny Youngman beide in den Neunzigern, und George Burns erreichte die Hundertjahresgrenze - lebende Beweise dafür, daß Lachen jung halten kann. Auch das hohe Alter berühmter Dirigenten ist allbekannt - viele unter ihnen schwingen den Taktstock bis weit in ihr achtes Lebensjahrzehnt. Nur wenn sich manche (wie Leonard Bernstein oder John Wayne) zu Tode rauchen oder mit Hilfe von Drogen ins Ab- oder Jenseits befördern (zu zahlreich, um sie hier aufzuführen), beobachten wir bei namhaften Künstlern unterdurchschnittliche Lebensspannen.

Doch worum handelt es sich bei dieser Energieübertragung, deren Wirkungen beiderseits des Rampenlichts zu sehen und zu fühlen sind? Und könnte es ein Mangel an dieser Energie sein, der so zahlreiche Künstler zu Stimulanzien aus der Retorte greifen läßt?

Dabei haben einige Stars, wie James Taylor z. B., sogar Glück - sie gehen durch ihre Süchte hindurch und spielen anschließend genauso gut oder sogar noch besser als zu Beginn ihrer Karriere, wobei sie „ganz nebenbei" zu einem Frieden und einer inneren Gelassenheit finden, die sie sogar selbst erstaunt. Könnte ihre eigentliche Rettung die Liebe und die Verehrung gewesen sein, die ihnen so viele Jahre von so vielen Menschen entgegengebracht wurde?

Auren auf und hinter der Bühne

Auf dem Parkplatz hinter den Kulissen stand ein hoch aufgeschossener, schlaksiger Mann in abgeschnittenen Hosen und einem weißen T-Shirt zwischen zwei Sattelschleppern und versperrte mir den Weg. Seine langen Arme waren ausgebreitet und seine Handflächen gegen je eine Wagenseite gepreßt. Seine Pose hätte drohend erscheinen können, wäre da nicht dieses verschmitzte Grinsen gewesen und die flamingoartige Positur.

„Was'n in dem Koffer?", fragte er mich mit augenscheinlichem Interesse.

„Verflucht", dachte ich, „noch so ein neugieriger Roadie, und ich will wirklich nur so schnell wie möglich hinter die Bühne. Ich war sowieso schon spät dran für den Soundcheck und hatte einfach keine Zeit, einem weiteren abgerissenen Bühnenarbeiter meine Gitarre aus Sonderfertigung vorzuführen. Aber er rührte sich nicht von der Stelle, und ich war inzwischen über die Mitte des Tunnels zwischen den Anhängern hinaus. Mit resignierter Miene stellte ich meinen Koffer ab und öffnete den Deckel. Wir fielen beide aufs Knie, als ich das Instrument behutsam herausnahm und es ihm reichte.

„So was hab' ich ja noch nie gesehen. Was is'n das? Hast d u das gebaut?" Bei Leuten, die sich auch nur im geringsten für Musikinstrumente interessieren, ist das die typische Reaktion, wenn sie das erste Mal eine A.B.Adams-Akustikgitarre zu Gesicht bekommen. Offen gestanden, ist es mir manchmal schon über, dauernd die gleiche Litanei herunterzubeten - all diese wundervollen Einzelheiten ihrer Konstruktion...

Aber er ließ nicht locker: „Was'n das für'n Hals? Wie hat er das so schmal hingekriegt? Wow - sieh dir die Einlegearbeit an! Wofür sind diese schrägen Versteifungen da? Ist da ein Mikrophon dabei?"

Ich verlor langsam die Geduld und wollte ihm gerade die Gitarre aus der Hand nehmen, als er ihr erste Töne zu entlocken begann. Da waren wir vielleicht zwei Minuten lang in weniger als einen Meter Entfernung nebeneinander gekniet, doch erst in diesem Moment musikalischer „Erleuchtung" dämmerte es mir, daß dieser Mann da vor mir kein anderer war als der, der einmal auf dem Titelbild von *Time* erschienen ist, der Schöpfer von Songs, die zu meiner Lieblingsmusik zählen. Ich besitze sogar jede einzelne Platte von ihm und kann fast all seine Songs auswendig. Jahrelang hatte ich sein Konterfei auf Plattencovern und

Zeitschriftentiteln gesehen - und doch hatte ich nicht die geringste Ahnung, daß dieser schlichte, liebenswürdige Typ da neben mir James Taylor war - bis er anfing, meine Gitarre im unverkennbaren „Taylor"-Stil zu spielen.

Vielleicht hatte ich mich auch durch seine Haltung oder seinen Aufzug täuschen lassen, oder auch durch die Stelle, an der wir uns trafen. Oder es mochte an meiner Nervosität gelegen haben und daß ich mit meinen Gedanken ganz woanders war. Vielleicht hatte auch die Vorstellung eine Rolle gespielt, die ich mir nach all den Jahren, in denen ich ihn nur über seine Musik kannte, von ihm gemacht hatte.

Doch Tatsache ist - seine Persönlichkeit und sein Verhalten bzw. seine Ausstrahlung hinter den Kulissen ähnelten mehr einem Roadie oder Bühnenarbeiter als dem namhaften internationalen Rockstar und Begründer der Singer/Songwriter-Bewegung, der er in Wirklichkeit ist. Anstatt seine Energie nach außen zu verströmen, schien er diese in sich zu sammeln und wirkte eher scheu und zurückhaltend. Auch bei unseren folgenden Begegnungen sollte sich dieser Eindruck bestätigen. Dabei war er jedoch von nie versagender Freundlichkeit, wenn auch gelegentlich unter dem Einfluß von Stimmungsschwankungen und melancholisch angehaucht.

Bei dieser ersten Begegnung war er jedoch unglaublich offen und enthusiastisch, vertraute mir zahlreiche persönliche Einzelheiten an und bat mich zu Themen wie Ehe und Kinder um Rat. Unter anderem spielte er auf eine bevorstehende Scheidung an - dies schockierte mich, da zum damaligen Zeitpunkt alle Welt seine Verbindung mit Carly Simon als definitiv betrachtete. Selbst die Zeitschrift *Parade* verkündete noch einige Monate später auf dem Titelblatt, daß James' „dark night of the soul" (dunkle See-lennacht) vorbei sei, und daß ihn seine Frau, in die er total ver-liebt wäre, und die Verantwortung, die die gemeinsame Gründung einer Familie mit sich bringe, seinen selbstzerstörerischen Ten-denzen entrissen habe.

Da stand ich also, und kam mir vor, als ob ich einen Artikel für *Rolling Stone* [5] zu schreiben hätte - außer, daß ich keinerlei Fragen stellen mußte. Er öffnete mir, einem wildfremden Men-schen, freiwillig sein Herz, und ich war von seiner Offenheit völ-lig überwältigt. Dies ist auch der Grund, warum ich mich all die-se Zeit hinter der Bühne hindurch kein einziges Mal wirklich auf seine Aura konzentriert habe...

Eine ganz andere Persönlichkeit kam zum Vorschein, als James ins Rampenlicht trat, und von diesem Moment an konnte ich ihn auch genauer studieren. Dabei schien er zunächst von den Mit-gliedern seiner Band Energie zu ziehen - er war körperlich erheb-lich aktiver, als ich vermutet hätte - und die Musik floß nur so aus ihm heraus. Im weiteren Verlauf des Konzertes ließ er sich dann zunehmend auf das Publikum ein und erzählte länger zwischen den einzelnen Songs. Zurufe aus dem Publikum „Wo ist Carly?" wur-den schließlich fast schmerzlich mit „äh, sie ist nicht ... äh... hier" beantwortet. Dann stürzte er sich erneut mit voller Kraft in den nächsten Song und erhöhte das Tempo mehr und mehr bis in die drei Zugaben hinein.

Es hieße schamlos untertreiben, seinen Zustand nach der Show lediglich als „rauschhaft" zu bezeichnen. Dieser Rausch war jedoch

---

5. Eine Rock-and-Roll-Musikzeitschrift)

nicht durch künstliche Stimulanzien verursacht (in jedem Fall sah ich keine im Gebrauch), sondern vielmehr durch eine natürliche Euphorie, die bis weit in den nächsten Morgen vorhielt, als er klavierspielend und mit den anderen Musikern improvisierend in der Hotelhalle saß. Zu diesem Zeitpunkt hatte ich auch die erste wirkliche Gelegenheit, einen gründlichen Blick auf seine Aura zu werfen und damit eine „Ausgangsgröße" für künftige Begegnungen und Vergleiche zu gewinnen.

James Taylors Aura war anfänglich ein tiefes Dunkelblau und vertiefte sich zu Violett, wenn er still oder nachdenklich wurde. In solchen Momenten war sein Energiefeld eingezogen und enganliegend, d. h. nur schwer zu unterscheiden. Obwohl er im allgemeinen als eher nachdenklicher und zurückhaltender Mensch bezeichnet werden kann, strahlte er in Gelb und Purpur auf, wenn etwas sein Interesse gepackt hatte und er sich in lebhaften Tönen darüber äußerte.

Seine häufigste Farbe, und zwar sowohl auf als auch hinter der Bühne (nach einem Auftritt), war jedoch ein reines, klares Mittelgrün, das noch durch eine goldene Einfassung verschönert wurde, wenn er in unbeschwerter Stimmung seine Songs vortrug - ob vor Tausenden von Zuhörern oder lediglich vor einer Handvoll in privater Runde. Grün ist die Farbe des Heilens und des inneren Gleichgewichts, worin sich vielleicht die therapeutische Wirkung seiner Musik auf seine eigene Seele ausdrückt.

Zu anderen Zeiten besitzt er ein vielschichtiges Aurafeld mit mannigfaltigen Farben. Es steht zu vermuten, daß er am glücklichsten und ausgeglichensten ist, wenn er sich in musikalischer

Stimmung befindet. Worte wie „warm", „besänftigend" und „weich" kommen in den Sinn, wenn man an seine Musik denkt - weit entfernt von dem wohldokumentierten Lebensstil seiner Anfangsjahre, in denen Drogen und Depressionen zentrale Elemente bilden. Bei der Überwindung dieser Klippen hat die Musik fraglos eine Rolle gespielt, und in den letzten Jahren scheint er gesund zu sein.

Ich könnte seine Aura auch mit der seines Bruders Livingston vergleichen, den ich schon fünf Jahre kannte, als ich James' Bekanntschaft machte. Die beiden sind altersmäßig nahe beieinander und spielen und singen beide ihre eigenen Songs; doch persönlich standen sie sich damals nicht so sonderlich nahe. Dies mag u. a. daran gelegen haben, daß Livingston unausgesetzt mit seinem älteren und berühmteren Bruder verglichen wurde bzw. immer wieder (wie dies in den frühen siebziger Jahren oftmals geschah) vom Publikum um Songs gebeten wurde, die James geschrieben hatte. All dies muß für Liv, selbst ein großartiger Songwriter, nicht einfach gewesen sein.

James und Livingston besitzen zwar eine gewisse Familienähnlichkeit und einen verwandten Musikstil, bieten jedoch ansonsten ein Beispiel zweier höchst unterschiedlicher Brüder. Ihre Unterschiede traten dabei nicht nur in ihrer Aura, sondern auch in ihrem Verhalten auf und hinter der Bühne deutlich zu Tage. Und hier könnte auch ein Erklärungselement dafür liegen, warum ich James bei unserer ersten Begegnung nicht auf Anhieb erkannte: durch meine mehrjährige Bekanntschaft mit Livingston hatte ich mir eine gewisse Vorstellung von ihm gemacht, die sich dann als unrichtig herausstellte.

Livingston, der hinter der Bühne freundlich, sanft und liebenswürdig war und eine hellblaue, ausgeglichene Aura hatte, nahm beim Spielen und Singen einen silbrigen Glanz an. Dies schwankte etwas in Abhängigkeit davon, welches Instrument er gerade spielte oder welches Lied er sang. Am Klavier z. B. wurde Blau vorherrschend und das Silber weniger hell - vielleicht, weil er sich an diesem Instrument weniger zu Hause fühlte und mehr die Spieltechnik im Auge behalten mußte. Blau ist, wie Sie sich erinnern, die Farbe der mentalen Energie und eine Reaktion auf erhöhte geistige Aktivität bzw. Streß.

Möchten Sie etwas Ähnliches auch einmal bei sich selbst probieren? Nun gut, wenn Sie Ihre Aurafarben ohne Schwierigkeiten im Spiegel sehen können, sagen Sie doch einmal das Einmaleins von der Zahl 6 bis zur Zahl 12 auf, während Sie vor dem Spiegel stehen. Während Sie sich (wohl zunehmend mühsamer) auf die Antworten zu besinnen (bzw. sie auszurechnen) versuchen, achten Sie auf die Veränderungen in Farbe, Größe und Intensität Ihres Energiefeldes. Sofern Sie nicht zufällig eine Rechenkanone sind, sollte diese Übung Ihre Aura dunkler werden und schrumpfen lassen und die Intensität ihrer Strahlung verringern.

Versuchen Sie das Ganze auch mal bei jemandem, für den Sie schon eine „Basisaura" festgesetzt haben - Sie sollten die gleichen Ergebnisse konstatieren. Vielleicht ändert sich die Farbe sogar zu Blau, vor allem, wenn die Basisfarbe der Aura schon frequenzmäßig „benachbart", d. h. Grün oder Violett, ist. Auch wenn die Aura schon Blauanteile enthält, sollte eine ähnliche Veränderung wie in Livingston Taylors „Bühnenaura" zu beobachten sein.

Ein weiterer großartiger Künstler und Langzeitüberlebender der Rock-and-Roll-Achterbahn ist (der inzwischen verstorbene) Jerry Garcia von den Grateful Dead. Trotz mehrerer hautnaher Begegnungen mit dem Schicksal schaffte er es lange Zeit, einer allzu buchstäblichen Verknüpfung mit dem Namen seiner Band (The Grateful Dead = die dankbaren Toten) aus dem Wege zu gehen und im Laufe der Jahre auf mehreren Gebieten Karriere zu machen. So machte er sich einen Namen in der Welt der Kunst und der Mode (er vertrieb Designerkleidung), war mit einem Wort ein Mann der Farben wie der Klänge und führte fraglos ein äußerst buntes Leben. Auch seine Aura stellte dies unter Beweis!

Jerry, der über erstaunliche Tatkraft und Intelligenz verfügte, war gesellig und gleichzeitig zurückhaltend. Er besaß einen ausgeprägten Sinn für Humor, der, wo er ging und stand, für eine heitere Atmosphäre sorgte. All diese Eigenschaften zusammengenommen ließen seine Aura sehr komplex erscheinen, wodurch ihre Bestimmung nicht gerade erleichtert wurde (wobei zu der Fülle an aurischen Mustern, die ich an ihm beobachten konnte, sicher auch noch der Genuß chemischer Präparate beigetragen hat).

Als ich ihn das erste Mal 1978 in New Haven, Connecticut, traf - es war auf der Bühne vor einem Grateful-Dead-Konzert -, schien er in ruhiger, fast meditativer Stimmung. Während er sich in einer Ecke der weitläufigen Künstlergarderobe „warm lief", konnte ich beobachten, wie gelegentliche Energiefunken von seiner Kopf- und Schultergegend sprühten. Der graue Wandanstrich und das von oben kommende Neonlicht eigneten sich jedoch wenig für eine Farbbestimmung, und da waren auch noch die anderen Bandmitglieder, denen ich vorgestellt wurde, u. a. Bob Weir, der zweite Gitarrist, so daß ich mich nicht voll auf Garcia konzentrieren konnte.

Als wir spät am Abend zurück im Hotel waren, konnte ich mir Garcia, Weir und andere Bandmitglieder sowie deren BegleiterInnen erheblich genauer ansehen. Natürlich könnte auch hier das Bild durch den Einfluß verschiedener Substanzen entstellt worden sein - doch wurde in jedem Falle deutlich, daß Garcias und Weirs Aura völlig verschiedene (doch komplementäre) Energien ausdrückten. So war Jerry Garcias Energiefeld „weit geöffnet" und farbig, während das von Bob Weir kontrollierter und eckiger wirkte. Garcia füllte einen größeren Raum mit zahlreichen elektrisierenden, intensiveren Farben aus, während Weir einfarbiger und diffuser war.

Weirs Aura strahlte ruhiger, gedämpfter und körpernäher in stählernem Blaugrau. Sie war zwar eher nebelhaft, doch deutlich umrissen und ließ an Worte wie „vorsichtig", „beherrscht" und „analytisch" denken. Weir schien ein recht nachdenklicher Mensch zu sein und drückte sich in einer zögernden, doch prägnanten und logischen Manier aus (die stark an sein Energiefeld erinnerte, das ihn mehr oder weniger exakt widerspiegelte).

Zu anderen Malen konnte ich erleben, wie er äußerst lebhaft wurde, ja nahezu alle Kontrolle fahrenließ, als ob er aus einem Gefängnis ausbräche. In solchen Momenten konnte ich wegen seiner Lebhaftigkeit kein stabiles Bild von ihm erhalten, vermag also nicht zu sagen, in welche Farbe sich seine Aura dabei verwandelt (falls überhaupt eine farbliche Veränderung eintritt); doch wurde sie im Anschluß an solche Energieausbrüche regelmäßig offener und lebenssprühender und wies statt des Blaus eine Menge Gelb (Hochgefühle) auf.

Zumindest auf der Bühne, wo er sich recht ungezwungen bewegte, legte Weir jedoch unzweifelhaft mehr Energie an den Tag als Garcia. Jerry stand wie angewurzelt an einem Fleck und schien die gesamte Bewegung der Musik überlassen zu wollen. Es war, als ob Weir daran arbeiten würde, sein eigentliches (zurückhaltendes und kontrolliertes) Naturell durch körperliche Bewegung zu überwinden, während Garcia sich darum bemühte, seine freieren und überschwenglichen Energien auf einen Punkt zu konzentrieren, wobei beide gegen ihre natürlichen Tendenzen ankämpften.

Das gleiche galt, wenn auch in geringerem Maße, wenn sie als Leadsänger ihrer eigenen Gruppen auftraten. Da ich für Weirs Band *Bobby and the Midnights* und für Garcias Band *Reconstruction* als Solo-Eröffnungsnummer gearbeitet habe, habe ich beide an verschiedenen Schauplätzen ohne die Grateful Dead erlebt, d. h. ohne den Wirbel, die Hektik und die wilde Aufregung eines kompletten Grateful-Dead-Konzerts, obwohl gewisse Aspekte davon unweigerlich auch in ihre Konzerte einflossen.

Ich selber war nie ein *Dead Head* (wie sich ihre Anhänger bezeichnen) und konnte so einen unbefangenen Blick auf diesen einzigartigen, kunterbunten Lebensstil werfen. Die Welt der *Dead Heads*, ein direktes Überbleibsel aus den späten sechziger Jahren (samt gebatikter Kleidung und psychedelischem Verhalten), wird noch immer von Achtzehnjährigen bevölkert (von denen manche mittlerweile sechzig Lenze zählen), für die Frieden und Liebe das oberste Gebot darstellen. Garcia und Weir verstanden diese Energie (und einander) in einer Weise einzusetzen, daß die entstehende Summe die einzelnen Beiträge bei weitem übertraf, und sie selbst und ihre Fans zur Ekstase getrieben wurden.

Wenn die beiden mit ihrer eigenen Gruppe auftraten, fehlte diese freundschaftliche Reibung, Synergie und Spannung natürlich. So spürte ich immer eine gewisse Hohlheit und Leere in ihren Einzelleistungen, wenn diese durch die allgegenwärtigen bewundernden Fans auch stets ein wenig verschleiert wurde. Doch auf sich alleine gestellt waren Garcia und Weir einfach unfähig, die Energie in jenes magische Zauberreich zu heben, das wohl der hautnahen Kommunikation mit den *Dead* vorbehalten ist...

Judy Collins - selbst Überlebende der Sechziger-Jahre-Ära und meistbekannt dafür, daß sie am Tage von Bill Clintons Amtsantritt das Lied „Amazing Grace" vortrug - könnte Ihnen z. B. erzählen, wie ihre enge Verbindung mit den Fans ihre Auftrittsaura im Laufe der Jahrzehnte „in Gang gehalten" hat. „Amazing Grace" ist ihr Lieblingslied und der Song aus ihrem Repertoire, der am meisten gewünscht wird. Er hat eine besondere Bedeutung - nicht nur für Bürgerrechtler, die ihn als Hymne benutzen, sondern auch für sämtliche Überlebende jener gesellschaftspolitisch geladenen Zeit.

Als ich im Herbst 1972 kurz vor einem ihrer Konzerte im St. Josephs College ihre Bekanntschaft machte, war sie strahlend, freundlich und offen. Wir spielten hinter den Kulissen zusammen Gitarre, und sie war so glücklich und heiter wie der bekannte Spatz auf dem Blitzableiter. Mit ihrer geballten Energie versinnbildlichte sie die Hoffnungen und Bestrebungen einer neuen Generation.

Doch wie anders wirkte sie, als sie Ende Januar 1993 durch die Bühnentür kam und sich den Korridor entlang zur Garderobe schleppte! Winzig, geräuschlos und in sich gekehrt, mit unstetem Blick, der jeglichen Kontakt vermied, wirkte sie wie ein

Kobold in der Falle. Erneut vermochte ich jemanden, den ich eigentlich zu kennen glaubte, nicht wiederzuerkennen...

Doch welche Verwandlung, als Judy „Amazing Grace" Collins ins Rampenlicht trat! Von einer negativen Aura ging sie über in volle Ekstase - schneller, als ich es je bei einem anderen erlebt hätte. War das wirklich noch die gleiche Judy? Das Publikum hatte auf sie augenscheinlich einen durchschlagenden Einfluß - ein silbriges Funkeln umgab sie nach dem Konzert, mit Strahlen, die in regelmäßigen Intervallen fast dreißig Zentimeter von ihrer Kopf- und Schultergegend ausstrahlten.

Sie erzählte mir, daß sie bei Clintons Amtseinführung wie auf Wolken geschwebt sei - im Kreise und an der Spitze ihrer musikalischen Zeitgenossen. Anders als ein Vierteljahrhundert zuvor („wenn du dich an die sechziger Jahre erinnern kannst, warst du nicht da"), war dies jedoch ein drogenfreier Moment, der für ihre ganze Generation entscheidend und unvergeßlich bleiben würde.

Ihrer strahlenden Aura nach zu urteilen, war Judy wieder da angekommen, wo sie begonnen hatte - voll jugendlichem Idealismus - und zumindest für einen Augenblick erneut inmitten eines historischen Liebesfestes - nicht in Woodstock diesmal, sondern am Weißen Haus in Washington für einen Auftritt, um den ihr größter Fan gebeten hatte: Bill Clinton, der neugewählte Präsident der USA.

Ein herrlicheres Gefühl läßt sich kaum denken.

12

Die politisch korrekte Aura

Die Aura eines Politikers unterscheidet sich meist erheblich
von der eines Entertainers. Wenn ein Politiker eine Ansprache hält,
gibt er zwar ebenfalls eine Vorstellung und ist ebenso
der Zuschauer-Schauspieler-Dynamik unterworfen -
doch hier endet die Parallele auch schon.

Versuchen Sie sich mal einen Augenblick lang vorzustellen, was die verstorbene Virginia Kelly, Bill Clintons Mutter, in jenem Moment gefühlt haben muß! Eben hatte sie miterlebt, wie ihr Sohn als 42. Präsident der USA vereidigt wurde, und nun flog sie am frühen Sonntagmorgen nach Hause zurück, nachdem sie eine Woche lang die Festlichkeiten zur Amtseinführung ihres Sohnes genossen hatte. Sie muß im siebten Himmel gewesen sein, und nach dem, was ich bei ihr sehen konnte, hätte sie das Flugzeug vielleicht gar nicht gebraucht! Es war auf Flug Nr. 1661 nach Nashville. Ich saß in der gleichen Reihe wie Virginia Kelly, jedoch auf der gegenüberliegenden Seite, und hatte nicht die geringste Ahnung, wer diese Dame in Schwarz eigentlich war. Den anderen Passagieren schien sie wohlbekannt zu sein, denn gleich nach dem Abflug hatte sie begonnen, Autogramme verteilend und Hände schüttelnd den Gang auf und ab zu schreiten. Vielleicht war sie eine Country-Sängerin, die ich nicht erkannte?

Der Mann neben mir nahm eine große keramische Plakette mit Clintons Portrait aus der Tasche und reichte sie mir. „Können Sie das Virginia geben, wenn sie zurückkommt? Ich glaube nicht, daß sie den da schon hat." Da ich offensichtlich noch immer im dunkeln tappte, setzte er hilfreich hinzu: „Sie ist die Mutter des Präsidenten, wissen Sie."

Wir saßen in einem normalen, kommerziellen Flug, und ich hielt es für ausgeschlossen, daß die Mutter des Staatspräsidenten n i c h t mit Air Force One[6] oder im Privatflugzeug befördert wurde - darum fragte ich mich, warum bloß ein solcher Wirbel um die Mutter des Präsidenten gemacht wurde (wovon eigentlich - American Airlines?).

Erst als die Stimme des Flugkapitäns durch den Lautsprecher tönte: „Wir möchten uns bei der Little Rock Mafia[7] bedanken, daß sie heute mit uns nach Hause fliegen" und als im Fluggastraum Applaus und Hochrufe ausbrachen, begann mir die Realität zu dämmern. Ich mußte wohl zufällig mit auf den Arkansasheimflug der Amtsantrittspartygäste gebucht worden sein! In jedem Fall reichte ich Virginia, als sie zu ihrem Sitz zurückkehrte, pflichtgemäß den Anstecker mit dem Lichtbild ihres Sohnes.

„Mein Junge! Das ist mein Junge!" kreischte sie auf. „Wo haben Sie das her?" Ich zeigte auf den Mann zu meiner Linken.

---

6. Der amerikanische Präsident fliegt gewöhnlich mit Air Force One
7. Bill Clinton stammt aus Little Rock in Arkansas

„Hören Sie mal, Sie kenn' ich doch, Sie sind doch der Mann von Jane!" Damit legte sie ihre linke Hand auf meine Schulter, stützte sich mit ihrer Rechten auf dem Sitz vor mir ab und beugte sich vor - eine Handbreit vor meinem Gesicht -, um mit dem Mann von Jane ein angeregtes Gespräch anzuknüpfen. Da saß ich also, in vertraulichster Nähe zur Mutter des amerikanischen Präsidenten, und hatte eine Menge Fragen auf dem Herzen. Ich murmelte etwas von einem Auftritt für die Gore-Familie am Abend vor den Debatten um die Vizepräsidentschaft und fügte hinzu: „Mein Bruder Michael ist mit Ihrem Sohn in Georgetown zur Schule gegangen.

„Ich wußte ja, daß Sie jemand sind!" sagte sie und drückte meine Schulter noch etwas heftiger als zuvor. Nun konnte ich endlich meine dringlichste Frage loswerden: „Was für ein Gefühl ist das alles eigentlich für Sie?"

Virginia rollte mit den Augen, legte den Kopf in den Nacken und ließ eine Art Jaulen ertönen. Dann sah sie mir direkt in die Augen und sagte mit fast mystischer Leidenschaft und einem Lächeln voll Glückseligkeit, das ihr ganzes Wesen zu erfassen schien: „ohhhh, Honey...". Worte waren einfach ungeeignet, das Ganze zu beschreiben, und waren auch gar nicht erforderlich: ihr Blick sagte alles - dies war ein wahrhaft überweltlicher Moment!

Wie sonderbar, daß ich trotz alldem spürte, daß körperlich mit ihr nicht alles zum Besten stand! Man würde ja denken, daß Virginia Kellys Aura bei all dem Traumhaften ihres momentanen Lebens und all dem äußerlichen Jubel und Trubel einen herrlichen Anblick bieten würde. Doch leider war dies nicht der Fall.

Ihre Aura lag eng am Körper an, wies schemenhafte Pastellfarben und eine geringe Vitalität auf, war jedoch relativ hell. Die

Farbe bewegte sich wechselweise zwischen verschiedenen matt-
dunklen Braun-Grautönen und einem sehr hellen Eisblau. Mitunter schien ihre Aura sogar gänzlich zu verschwinden - als ob
der Stecker gezogen worden wäre. Ebenso unvermutet kehrte sie
dann wieder zurück, leuchtete stark, begann dann zu flackern und
klang schließlich wieder ab, wobei sie sich jedoch nie mehr als
drei bis fünf Zentimeter über den Körper hinaus ausdehnte.

Im Flugzeug dachte ich, daß sie wohl von all der Aufregung
erschöpft sein müsse, und ihr plötzlicher Kraftverlust machte mir
Sorgen. Es hätte auch sein können, daß sie sich gerade einer mas-
siven Chemotherapie unterzog, denn zwischen ihrer Aura und der
von Krebspatienten, die ich kürzlich gesehen hatte, fielen mir gewisse Ähnlichkeiten auf. Bei Krebskranken oder allgemein nach
Strahlenbehandlung weist die Aura meist umfangreiche Lücken
oder andere Indizien hochgradiger Erschöpfung auf, die auf die
Notwendigkeit einer umfassenden Revitalisierung hindeuten.

Die Behandlung von Krebs mit ihren schwächenden Nebenwirkungen kann von fast ebenso verheerender Wirkung sein wie
die Krankheit selbst. Betrachtet man die Aura eines solchen Menschen, kann man zuweilen zwischen den Auswirkungen der Krankheit und jenen ihrer Behandlung kaum unterscheiden; dennoch
will mir scheinen, daß ich in Virginias Aura - worauf sie auch
zurückzuführen war - die verräterischen Zeichen von Krebs vor
mir hatte.

Eine Frau, mit der ich in diesem Zeitraum arbeitete, wies einen inoperablen Tumor in der Brust auf. Sie hatte massive Dosen
von Chemo- und Strahlentherapie erhalten, und ihr Tumor, der
auf Luftröhre und Hauptschlagader drückte, war auf Faustgröße

geschrumpft. Als ich sie das erste Mal zu sehen bekam, wirkte sie äußerlich recht gesund. Sie verriet mir auch nicht, was bei ihr nicht stimmte - ich sollte dies selbst herausfinden, falls ich dazu in der Lage wäre. Als ich meine Hände um ihr Energiefeld legte, fand ich zu meiner Verwunderung in der oberen Rumpfgegend einen klar umrissenen Bereich, aus dem buchstäblich Funken schossen. Es fühlte sich an wie eine Wunderkerze, die man mit dem brennenden Ende gegen den Handteller hält, nur intensiver. Diese Empfindung war so ausgeprägt, daß mir umgehend klar wurde, daß hier vor kurzem eine Strahlenbehandlung erfolgt war, die die Strahlung des Tumors selbst verdeckte.

Ähnlich war es mit Virginia Kelly. Obwohl ich der Umstände wegen ihre Aura nicht exakt fühlen konnte, waren die sichtbaren Merkmale doch eindeutig - selbst wenn sie nach außen hin den Eindruck vermittelte, bei bester Gesundheit und Verfassung zu sein.

Diese hautnahe Begegnung mit der Mutter des Präsidenten stellte sich als interessanter Kontrapunkt zu meinem Erlebnis mit den Eltern des Vizepräsidenten Al und Pauline Gore heraus. Nur wenige Monate vor meinem Flug mit Clintons Mutter war ich mit den beiden bei einer Abendgesellschaft zusammengetroffen, und der Unterschied in Verhalten und Aura war auffallend.

Al Gore Senior (selbst während mehrerer Sitzungsperioden im amerikanischen Senat[8] eine weithin bekannte politische Figur) machte in vieler Hinsicht den Eindruck, als ob noch immer e r der eigentliche Kandidat wäre. Hier jedoch fand er sich freilich vor die

---

8. Oberhaus im amerikanischen Parlament

Aufgabe gestellt, seinen natürlichen „Drang zum Mittelpunkt" im Zaum zu halten, um seinen zurückhaltenderen, unauffälligeren Sohn nicht in den Schatten zu stellen. Pauline Gore, seine Gattin, war die stets pflichtgetreue Gemahlin und stolze Mutter, gab sich voll ruhiger Zurückhaltung und überließ das Rampenlicht ganz dem Manne und Sohn.

In Al Gore Seniors Rede an diesem Abend wurde oftmals auf sie Bezug genommen - als Beispiel für gesunden Menschenverstand und praktisches Denken in einer politischen Welt, die es zuweilen an beidem vermissen lasse. Sie sei das ruhige Auge des Wirbelsturms und dabei eine wirkliche Komikerin: während Pauline unverwandt lächelnd zu Al Senior auf dem Podium hinaufblickte, schien sie doch stellenweise zusammenzuzucken oder sich auf ihrem Stuhl zu winden...

Wenn Pauline und Al Senior im Gespräch vertieft beieinander saßen, konnte man sehen, wie sich ihre Energiefelder vermischten und anglichen - ein Effekt, der sich bei langverheirateten Paaren oft beobachten läßt (Sie können diese Wirkung auch selbst verfolgen, wenn Sie die oben erwähnten Übungen mit den zwei gegenüberstehenden „Versuchskaninchen" machen). Selbst bei Menschen, die einander völlig fremd sind, kann dieser Verschmelzungseffekt verhältnismäßig rasch eintreten, doch vor allem bei verheirateten Paaren dürfte dieses Phänomen ausgeprägt und deutlich zu erkennen sein.

Bei Albert Gore Senior war es interessant zu verfolgen, wie sich seine Aura im Laufe seiner Ansprache vom „Ruhezustand" zu verschiedenen Stadien weiterentwickelte. Die Wirkung eines Publikums auf das Energiefeld eines „Darstellers" läßt sich in den meisten Fällen ohne Schwierigkeiten sehen, und so war es auch bei Albert Gore. Während seiner Ansprache stellten sich all die üblichen Veränderungen ein (wie Erhöhung von Leuchtkraft und Umfang), ein Farbwechsel (von Orange zu Gelb) war allerdings erst zu beobachten, als er sich schon über die Mitte seiner Rede hinaus befand.

Nachdem er über sich und die Familie ein paar Witze erzählt hatte, begann sich der Ex-Senator und gewiefte öffentliche Redner merklich zu entspannen. Und richtig in Fahrt kam er schließlich (was sich auch in seiner Aura spiegelte, die an Glanz und Lebendigkeit gewann), als er von seinen früheren politischen Differenzen mit seinem Sohn bezüglich Vietnam erzählte. Als er sich gegen Ende des Abends schließlich - nicht ohne eine letzte Mahnung an die Versammelten, nur ja für seinen Sohn zu stimmen - für den Nachhauseweg rüstete, waren er und seine Frau in ein warmes goldenes Leuchten gehüllt.

Nach Tisch waren beide recht freundlich und animiert und widmeten jedem, der mit ihnen zu sprechen wünschte, mehrere Minuten. Sie befanden sich jetzt, selbst wenn sie mit verschiedenen Menschen plauderten, innerhalb der gleichen goldgelben Blase. Sie hatten sich zwar nicht körperlich zu ähneln begonnen (wie es ja manche Ehepaare bekanntlich tun), doch standen zumindest ihre Energiefelder völlig im Einklang und bildeten eine Summe, die größer (und anders) war als ihre jeweiligen Beiträge.

„Ich kann es noch immer nicht fassen, daß Albert wirklich und wahrhaftig auf der Wahlliste ist, die diesmal gewinnen muß. Wir müssen einfach die Demokraten wieder ins Weiße Haus kriegen. Ich weiß, daß Albert ein positiver Faktor sein wird - ihr müßt also mitmachen und ihn unterstützen, die ganze Kandidatenliste unterstützen, und Alabama als einen der Staaten einbringen, die demokratisch gewählt haben..." Selbst als er nicht mehr auf dem Podium stand, war Al Seniors Feuer ungelöscht. Hoffnungen schwangen sich empor, die Umfrageergebnisse sahen gut aus - wenn sie diesen Elan doch nur bis zum Sieg durchhalten könnten...

Es lag dieses seltsam-vorsichtige Siegesgefühl in der Luft, fast so, als ob sich ein jeder fürchtete, wirklich daran zu glauben, damit sich nur nicht im letzten Moment der scheinbare Sieg als Niederlage entpuppen würde. Schließlich war Carter/Mondale die letzte demokratische Wahlliste gewesen, die es ins Weiße Haus geschafft hatte, und das lag sechzehn lange Jahre zurück...

Zwölf Jahre früher hatte ich die gleiche Szene erlebt - nur unter umgekehrten Vorzeichen. Kurz nach der Carter/Mondale-Niederlage im Jahre 1980 wurde ich von meiner damaligen Freundin, Tochter eines demokratischen Abgeordneten aus Maine, zum Abendessen bei Walter und Joan Mondale geladen. Gäste waren außer Melissa und mir ihre Schwester und deren Begleiter sowie Bronson Clark, der Vater der beiden Mädchen.

Vor dem Abendessen unterhielten wir uns über alles andere außer Politik - so konzentrierten wir uns u. a. auf Joans ausgedehnte Sammlung moderner und postmoderner amerikanischer Kunst mit Werken von Motherwell, Rothko und de Kooning. Joan war Feuer und Flamme für ihre Sammlung und leuchtete mit einer strahlenden, wenn auch relativ schmalen Aura von flaumigem Rosa, als sie uns auf einen Rundgang durch das Haus führte. Während sie über die einzelnen Kunstwerke sprach, konnte ich ihre Aura an Umfang und Strahlkraft zunehmen sehen - dies waren ihre glücklichsten und angeregtesten Momente des ganzen Abends, ihrer Aura nach zu urteilen...

Keiner von uns vermochte ihren Enthusiasmus wirklich zu teilen, doch das schien Joan nur wenig zu stören. Sie war hier ganz in ihrer eigenen Welt und wie befreit - fern von einem Leben unter den Augen der Öffentlichkeit, das für sie damals nicht besonders amüsant gewesen sein kann. Als Kunstförderin konnte sie etwas unterstützen, das ihr am Herzen lag, und die Notwendigkeit zur Wahrung einer politisch korrekten Fassade vorübergehend vergessen. Ihre rosa Farbe - zumindest solange sie von der Kunst umgeben war, die ihr vor der augenblicklichen politischen Realität Zuflucht bot - ließ ein reines Herz und ein unschuldiges Wesen erkennen.

Im Laufe des Abendessens schien ihre Aura dann an Kraft und Glanz zu verlieren, und als sich das Gespräch im Anschluß an das Essen politischen Themen zuzuwenden begann, wirkte Joan geistesabwesend und in sich gekehrt und trug nur noch wenig, wenn überhaupt etwas, zur Unterhaltung bei. Den Rest des Abends herrschte dann eine gekünstelte Atmosphäre der Geselligkeit und unbeschwerten Heiterkeit, wobei sich der Schwerpunkt der Konversation (unmerklich, doch mit eherner Unvermeidlichkeit) zu der Frage hin verlagerte, wer denn dieser neue Freund von Melissa nun eigentlich ist...

Die Kombination von Wahlniederlage und daraus resultierender Grundstimmung war geeignet, jenen Abend zur echten Herausforderung zu machen - Welten entfernt von dem Gefühl des bevorstehenden Triumphes, das ich gut ein Jahrzehnt später bei der Familie des angehenden Vizepräsidenten erleben sollte...

Die Welt der Politik unterscheidet sich von der der Unterhaltung in mehreren (und fundamentalen) Hinsichten (obwohl seit der Wahl des ersten amerikanischen Schauspieler-Präsidenten verschiedentlich auch direktere Parallelen gezogen werden): Wenn ein Künstler einen schlechten Abend hat, gibt es für ihn immer ein Morgen. Verliert ein Politiker hingegen, kann es Jahre dauern (wenn es überhaupt je dazu kommt), ehe er eine zweite Chance erhält.

Kein Wunder also, daß sich die Aura eines Politikers von der eines Entertainers meist beträchtlich unterscheidet. Wenn ein Politiker eine Ansprache hält, gibt er zwar ebenfalls eine Vorstellung und ist ebenso der Zuschauer/Schauspieler-Dynamik unterworfen - doch hier endet die Ähnlichkeit auch schon. Politiker, die ich von nahem zu sehen bekam - egal, ob Gewinner oder Verlierer - strahlen oft in Marineblau, weisen jedoch unweigerlich eine dunkle Färbung auf. Ihre Aura macht einen extrem beherrschten, kompakt-gedrungenen Eindruck und dehnt sich nur drei bis fünf Zentimeter aus. Vielleicht spiegelt sich hierin die mentale Kontrolle, die Politiker zur Wahrung einer politisch korrekten Fassade ausüben.

13

Aura und Liebe

Unsere Gedanken,
unsere inneren Bilder und unsere Gefühle
spielen bei dem Gesamtbild unserer Aura eine bedeutende Rolle.

Einer der beliebtesten Lehrabschnitte meines Aurakurses beschäftigt sich mit der Frage, welchen Einfluß körperliche bzw. persönliche Nähe auf die Aura hat. Sie haben vielleicht schon von der sogenannten Chemie gehört, die beim ersten zwischenmenschlichen Kontakt wirken kann - Anziehung oder auch Abstoßung. Dieser liegt sicherlich ein realer Wirkmechanismus zugrunde (und zwar die Absonderung von Pheromonen), doch findet zwischen uns auch noch ein weiterer Austausch statt, der weniger gut belegt ist: die Übertragung von Bioenergie. Doch auch diese Art des Austausches läßt sich jetzt sehen und fühlen. Wir kennen nun die Veränderungen, die in unserer Aura beim Wechsel des Atemrhythmus eintreten. Wir haben auch gesehen, welche Wirkungen Kristalle in Körpernähe haben können und daß diese Wirkung nicht immer positiv sein muß. Und auch unsere Gedanken, unsere inneren Bilder und unsere Gefühle spielen bei dem Gesamtbild unserer Aura eine bedeutende Rolle.

Versuchen Sie also sich vorzustellen, welchen Einfluß wohl ein anderer Mensch auf Ihr Energiefeld haben könnte... (und vgl. auch „Starthilfe für die Aura")

Um dies konkret zu verfolgen, stellen Sie zwei Personen vor einer Wand in etwa 30 Zentimeter Entfernung einander gegenüber. Sie selbst treten 2,50 Meter zurück und betrachten die Umrisse der beiden Gestalten. Beachten Sie dabei, daß das Energiefeld des Körperprofils etwas anders geformt ist als ein „frontal" betrachtetes Feld. Zum Beispiel wölbt sich vor Nase und Mund ein ballonförmiger Bereich bis zur Halsgegend. Weiterhin besitzt das Körperprofil eine Tendenz zur Eiförmigkeit, d. h. die Aura bildet von der Spitze des Kopfes ab um Vorder- und Rückenseite herum jeweils eine eiförmige Rundung (folgt also nicht den Formen von Nase, Kinn, Hals usw.).

Wenn man zum ersten Mal zwei Menschen in der obigen Anordnung betrachtet, kann man gewöhnlich zunächst nur die individuellen Energiefelder unterscheiden, anschließend jedoch auch sehr rasch, ob sich die beiden Felder aufeinander zu- oder voneinander wegbewegen. Nicht selten läßt sich beobachten, wie der eine Ätherkörper in eine Vorwärts- bzw. Rückwärtsposition schwingt, und zwar gleichläufig zur Bewegung des anderen. So können wir z. B. im Kursus immer wieder verfolgen, wie die Aura eines Mannes, der sich einer Frau gegenübersieht, regelrecht vorwärtskriecht, während sich jene der Frau an der Vorderseite „entleert" und als grelles Band im Rücken wiedererscheint - d. h. die Aura des Mannes scheint in den Raum der Frau überzugreifen, während sich jene der Frau so rasch wie möglich in Sicherheit zu bringen versucht! Gelegentlich tritt auch das genaue Gegenteil ein: die Aura des Mannes wird vorne matter und hinten leuchtender, während sich jene der Frau in seinen Raum hineinbewegt. Normalerweise kommen diese Bewegungen jedoch nach einigen Minuten zum Stillstand, und mit etwas Glück kann man erste „Bänder" zwischen den Stirnen, von Auge zu Auge, in der Halsgegend oder auch von Herz zu Herz erscheinen sehen.

Nicht selten sieht man zwischen der Kehle und dem oberen Brustbereich zweier Menschen, die sich zum ersten Mal gegenüberstehen, eine „Energiekugel" schweben (meist in Form einer dunklen Masse). Verheiratete Paare bieten in der Regel ein gleichförmigeres aurisches Bild, und ihre Energiefelder weisen sogar in vielen Fällen, je nach Vereinbarkeit der Charaktere und der gegenseitigen Harmonie, sehr ähnliche Farben und Formen auf. Bei Menschen, die sich in ihrer beiderseitigen Gesellschaft sehr wohl fühlen, kann man mitunter sogar beobachten, wie sich die beiden Felder zu einem einzigen zusammenschließen.

Zwei Energiefelder in einem

Sie können ein solches gemeinsames Feld mit etwas Glück auch im Spiegel sehen, z. B. mit jemandem, den Sie gerne haben. Verwenden Sie dazu die exakt gleiche Technik wie zuvor. Sie können dann beobachten, wo das jeweilige Energiefeld beginnt bzw. aufhört und ob zwischen Ihnen Harmonie besteht. Es erleichtert die Energieübertragung, wenn man sich einander gegenüberstellt; doch ist sie ebenso möglich (und erheblich leichter im Spiegel zu sehen), wenn man sich nebeneinander stellt.

Das Energiefeld um zwei Menschen zu sehen ist schwieriger als das um einen einzelnen, vor allem für Anfänger. Daher sei hier noch einmal rekapituliert: Konzentrieren Sie sich nicht auf den Vordergrund, sondern blicken Sie stets am Umriß der Gestalten vorbei, egal ob Sie Ihre eigenen Energiefelder (im Spiegel) betrachten oder die eines anderen Paares. Dieses „Vorbeischauen" muß „eisern" durchgehalten werden - lassen Sie sich also nicht ablenken bzw. dazu verführen, zwischendrin Gesichtsausdrücke oder die sogenannte Körpersprache zu studieren.

Sie könnten dabei zwischen den Stirnen, Hals- oder Herzgegenden einzelne, klar umrissene Lichtbänder oder -felder auftauchen sehen. Da solche sichtbaren Verbindungen existieren, liegt auf der Hand, daß in diesen Bereichen eine Energieübertragung stattfinden muß.

Fassen Sie sich zu Anfang jedoch in Geduld - das Ganze ist wirklich schwieriger als eine einzelne Aura zu sehen. Im Klassenzimmer haben wir damit ungeheuren Spaß (gelegentlich halten wir fast Mini-Singles-Parties ab), da die Energiefelder zwischen den Teilnehmern so offen zutage liegen!

Ich habe verschiedentlich auch auf Kreuzfahrten Aurakurse gehalten und dabei das Glück gehabt, die unterschiedlichsten Paare - von „frischvermählt" bis „50. Hochzeitstag" - an Bord zu haben. Diese Vielfalt ermöglichte meinen Kursteilnehmern, den beträchtlichen Unterschied zwischen den Energiefeldern solcher Paare festzustellen. So blieb einmal ein goldenes Hochzeitspaar nach dem Unterricht, um seine Aura lesen zu lassen. Viele unter denen, die noch herumstanden, sahen zu ihrem Erstaunen um das Paar herum ein geschlossenes, vereinigtes Feld. Diese Vereinigung wurde noch bemerkenswerter durch die Tatsache, daß sich auch die Individualfelder in Farbe, Form und Intensität sehr ähnelten.

Peinlicher wird es, wenn Paare Probleme haben, was ebenfalls auf den ersten Blick erkennbar ist. Halten Sie sich in diesem Zusammenhang vor Augen, daß die Gabe der Aurasichtigkeit nie dazu verwendet werden sollte, in jemandes Privatsphäre einzudringen. Dessen ungeachtet ermöglicht sie uns natürlich zusätzliche Erkenntnisse und die Fähigkeit, Paare in einem neuen Licht zu sehen. Doch egal ob Sie diese Gabe nun in privatem Rahmen für sich selbst und Ihren Partner verwenden oder als ein Mittel zur Bestimmung der Vereinbarkeit eines anderen Paares, sie sollte stets nur mit Zustimmung aller Beteiligten zum Einsatz kommen.

Auch Liebe läßt sich von der Aura ablesen. Denken Sie doch einmal beim Betrachten Ihrer Aura im Spiegel an einen Menschen, den Sie ins Herz geschlossen haben. Versuchen Sie, das Gefühl der gegenseitigen Liebe wirklich intensiv zu fühlen. Ihre Aura wird dabei umgehend kräftiger und leuchtender werden. Die gleiche schlagartige Veränderung läßt sich auch bei anderen beobachten - versuchen Sie es! Dies macht es auch so interessant, zwei Verliebte in der obigen Anordnung zu betrachten: bei ihnen sind die Energiebänder, vor allem im Bereich des Herzens und des dritten Auges, deutlich ausgeprägt. Wenn Sie ein solches Paar bitten, einander in die Augen zu sehen, bildet sich zwischen ihnen oftmals ein „Energiekanal" aus (meist als Band zwischen den Augen), der wie eine Brücke wirkt.

Oft werde ich gebeten, für Paare ein „Kompatibilitätsgutachten" abzugeben, und es ist verblüffend, wie leicht sich ein solches aufgrund der „Auradaten" erstellen läßt. Mit ein wenig Übung werden auch Sie für sich selbst und andere ermitteln können, wie offen Ihr Herzchakra ist, und wie weit Sie in Herzensangelegenheiten ein intro- oder extrovertierter Mensch sind.

14

Die Aura in Todesnähe

Da sie - zumindest flüchtig - ein "größeres Bild "
zu sehen bekommen haben, stellen Menschen mit
Nahtoderfahrung in vielen Fällen fest, daß Emotionen wie Furcht,
Angst, Unduldsamkeit oder Feindseligkeit ihre Wichtigkeit verlieren.
Einer der positivsten Effekte ist jedoch die Ausmerzung
von Furcht und Angst, insbesondere der Angst vor dem Tod.

Zu den meistdiskutierten Phänomenen des vergangenen Vierteljahrhunderts zählen sicherlich die sogenannten Nahtoderlebnisse (NTEs): Menschen sterben oder scheinen im Sterben zu liegen, kehren jedoch wieder ins Leben zurück und berichten von einer „jenseitigen Welt", die sie während dieses Zeitraums erlebten. Nahtoderlebnisse oder andere außerkörperliche Erfahrungen (OBEs) (die also mit keinem klinischen Tod verbunden, ansonsten aber ähnlicher Natur sind) sind das Thema zahlreicher Bücher, Filme, Artikel und Fernsehsendungen, und allein in den USA wird die Zahl der Personen, die durch eine solch verblüffende Erfahrung gegangen sind, auf dreizehn Millionen geschätzt (dabei ist wohl noch von einer gewissen Dunkelziffer auszugehen, da viele nur ungern über etwas sprechen, das so merkwürdig, außerordentlich und unglaublich ist, daß „normale" Menschen sie für verrückt halten könnten).

In den Berichten über solche Erlebnisse finden sich meist die folgenden Elemente - großenteils oder auch vollzählig - wieder:

Das Gefühl, den Körper verlassen zu haben und direkt darüber zu schweben.

Ein Überblicken und genaues Verständnis des Geschehens, vornehmlich während medizinischer Notfallbehandlungen und operativer Eingriffe.

Das Schweben durch einen Tunnel oder dunklen Raum auf ein helles Licht zu.

Die Begegnung mit einem liebenden, unbeschreiblich schönen Licht, das Wärme und absoluten Frieden ausstrahlt.

Das Gefühl der Allwissenheit und des All-Verständnisses, das Gefühl, zu einem Teil des Universums zu werden und seinen Platz darin zu kennen.

Das Erscheinen anderer Wesen, von denen manche als verstorbene Familienmitglieder oder Freunde erkannt werden.

Das Ablaufen eines klaren, intensiven Filmes über das vergangene Leben, in dem dessen positive und negative Aspekte herausgestellt werden.

Die Erkenntnis, daß die Zeit des Abschiednehmens noch nicht gekommen ist, oder das Gefühl, „mit seinem kosmischen Latein am Ende zu sein", zu welchem Zeitpunkt dann die plötzliche Rückkehr in den Körper erfolgt.

Die tatsächliche Dauer eines solchen Erlebnisses kann dabei in irdischen Begriffen nur ein paar Sekunden oder, in seltenen Fällen, auch eine Stunde oder länger betragen. Doch für den, der hindurchgeht, sind irdische Zeitbegriffe aufgehoben, wie auch sämtliche anderen vertrauten Bezugspunkte.

Worte können diese außerkörperlichen Erfahrungen ebensowenig schildern, wie man einem Blinden Farbe oder einem Taubstummen Musik erläutern könnte. Stellen Sie sich vor, Sie hätten Ihr ganzes Leben in einer Höhle verbracht und fänden sich plötzlich im warmen Sonnenschein wieder - umgeben von Meeren und Gebirgen, Ackerland und Wäldern - und all dies würde gleichzeitig und in überwältigender Farbenpracht und Fülle auf Sie hereinstürzen; und anschließend müßten Sie dann zurück in Ihre Höhle und dies alles den anderen erklären, die das Leben nur von der Höhle her kennen...

Doch selbst diese Analogie vermag die überwältigende Überbürdung der Sinne nur unzureichend zu vermitteln, die solche Erlebnisse mit sich bringen. Was man anfänglich nach außerkörperlichen Erfahrungen oder Nahtoderlebnissen oftmals zu hören bekommt, sind Bemerkungen wie:

„Worte können das gar nicht beschreiben."

„Unsere Sprache ist außerstande, diese Gefühle auszudrücken."

„Wenn Sie wissen möchten, wie es ist, müssen Sie es wirklich selbst erfahren."

„Es kann einfach mit nichts verglichen werden, was wir hier kennen."

„Ich kann es nicht in Worte fassen, aber ich wollte nie wieder weg!"

Nahtoderlebnisse und außerkörperliche Erfahrungen bewirken in den Betroffenen vielfach nachhaltige Verhaltensänderungen. Mystisch-religiöse Bekehrungen bzw. Wandlungen, wie z. B. Saulus' Bekehrung auf dem Wege nach Damaskus, als ihm das „Licht" begegnete und er vom Christenverfolger zum Nachfolger Christi wurde, könnten in vielen Fällen auf sie zurückzuführen sein. Die christliche Bibel ist voll solcher mysteriöser Geschehnisse, und auch die anderen Religionen haben Mystiker, die uns erzählen, wie sie die irdischen Schranken überschritten, einen flüchtigen Blick vom Himmel erhaschten und dann zurückkehrten, um über die geschauten Wunder zu berichten. Universelle Wahrheit, Schönheit, Weisheit und vor allem die grenzenlose Macht der Liebe spricht durch solche Menschen, die in der Folge dann auf ihre kulturellen Überlieferungen oder religiösen Überzeugungen zurückgegriffen haben mögen, um das erschaute Liebeslicht als göttliche Manifestation zu personifizieren.

Jene, denen solche Erlebnisse widerfahren, verwandeln sich anschließend nur selten in „Weltretter" oder Missionare. Doch sie gewinnen eine neue Perspektive und geben z. B. Karrieren auf, in denen es vor allem um die Anhäufung materieller Güter ging, um sich Beschäftigungen zuzuwenden, die dem Dienst am Nächsten geweiht sind.

Häufig wird von Menschen mit Nahtoderlebnissen auch von tiefgreifenden Veränderungen in ihrer Einstellung berichtet - zu den Mitmenschen im allgemeinen und zu Familie und Freunden im besonderen. Diese - zuweilen grundlegenden - Veränderungen können ihrer unmittelbaren Umgebung dabei durchaus vorübergehend Rätsel aufgeben. Da Menschen mit Nahtoderfahrung - zumindest flüchtig - ein „größeres Bild" zu sehen bekommen haben, stellen sie vielfach fest, daß Gefühle wie Furcht, Angst, Unduldsamkeit oder Feindseligkeit an Wichtigkeit verlieren.

Eine der positivsten Folgen des Nahtoderlebnisses bzw. der außerkörperlichen Erfahrung ist jedoch die Ausmerzung von Furcht und Angst, insbesondere der Angst vor dem Tod. Ob in Büchern, im Fernsehen oder im persönlichen Kontakt - diese Befreiung von der Furcht vor dem Sterben zieht sich meines Wissens durch sämtliche einschlägigen Berichte. Dabei mögen die Angst vor körperlichem Schmerz oder vor dem Gefühl der Trauer und des Verlustes, wenn ein uns Nahestehender von uns geht, durchaus noch weiterbestehen; doch der eigentliche Übergang aus diesem Leben in das nächste ist nicht länger mit Angst oder Grauen besetzt. Die Vorstellung, die sich viele Menschen mit Nahtoderfahrung vom Tode machen, könnte fast als ein „nach Hause gehen" umschrieben werden...

Obwohl es also unter Menschen mit Nahtoderfahrung keine Furcht vor dem Sterben mehr gibt, scheint unter ihnen auch keine erhöhte Todessehnsucht vorzuliegen. So verfolgt eine Langzeituntersuchung unter Dr. Bruce Grayson (University of Connecticut), die vor zwanzig Jahren begonnen wurde, das Leben von über hundert Personen, die infolge eines Selbstmordversuches ein Nahtoderlebnis hatten. Dabei wurde eine Wiederholungsrate von null Prozent ermittelt; das heißt, daß sich Menschen, die während eines Suizidversuches ein Nahtoderlebnis haben, anschließend ausnahmslos für das Leben entscheiden, während Selbstmordwillige ohne Nahtoderfahrung mit der „normalen" Wiederholungsrate von achtzig Prozent fortfahren. Worin diese Erfahrungen (für die die Wissenschaft weiterhin um eine Erklärung verlegen ist) also auch bestehen mögen - die uns vorliegenden Daten lassen ohne jeden Zweifel tiefreichende Veränderungen in Verhalten und Lebensstil erkennen, die aus ihnen erwachsen.

Statt den Tod zu wählen, finden Menschen mit Nahtoderlebnissen oder anderen außerkörperlichen Erfahrungen zu größerem Einklang mit dem Leben. Zeit wird kostbarer, Beziehungen werden inniger, das tägliche Leben wird intensiver. In vielen Fällen wird von Menschen mit Nahtoderlebnissen berichtet, daß die Liebe zu ihren Kindern und deren Bedürfnisse oder auch unerledigte Aufgaben gegenüber anderen Familienmitgliedern das ausschlaggebende Motiv für ihre Rückkehr waren. Wir sind nicht zufällig hier (selbst wenn uns einzelne Gründe auch nach einem Nahtoderlebnis noch verborgen sein mögen), und dieses Gefühl einer Sendung und eines Lebenszwecks ist es, das das Lebensgefühl nach einem NTE oder OBE intensiviert und Menschen davon abhält, vorzeitig aus dem Leben zu scheiden.

Was mich selber betrifft, so hatten diese Erfahrungen einen nachhaltigen und tiefgreifenden Einfluß - vielleicht auch deshalb, weil sie so frühzeitig und gehäuft auftraten. Ich war mir so schon früh einer jenseitigen Welt bewußt und fühlte mich „gelenkt" und gesegnet. Durch meine Fünfziger-Jahre-Erziehung in einer katholischen Schule wurde diese Verbindung zum Geistigen noch verstärkt, obwohl ich durchaus auch rebellisch war und bei meinen

Grundschulkameraden als „anders" galt (was meine Eltern vielleicht eher als „schwierig" bezeichnet hätten). Zu meiner Entlastung kann ich hier anführen, daß die Scherereien und Unannehmlichkeiten, in denen ich mich so viele Male wiederfand, vor allem auch durch meine fast unersättliche Wißbegierde heraufbeschworen wurden. Nachdem mir im Alter von elf Jahren schließlich klar geworden war, daß ich über ein grenzenloses Potential (und eine starke Anziehung) für Unfug und Dummheiten verfügte, sah ich gleichzeitig ein, daß ich auf Erden war, um meine Talente zu positiven Zwecken einzusetzen; und in einer Frühlingsnacht vor meinem zwölften Geburtstag, als ich sinnend und betend im Bett lag, gelobte ich mir, dies auch zu tun.

Jede weitere außerkörperliche Erfahrung brachte mir meine Berufung klarer zu Bewußtsein, was mich bis heute durch mehrere Berufs- und Ortswechsel geführt und mir zahlreiche Perspektiven auf das Leben eröffnet hat. Und da ich in meinen Unternehmungen stets vom Erfolg begleitet war, habe ich mich immer als vom Schicksal begünstigt und geliebt gefühlt.

Wenn ich auch nie geheiratet oder meinen seelischen Zwilling gefunden habe, so kann ich doch trotzdem auf eine Reihe tiefer, schöner und leidenschaftlicher Beziehungen zurückblicken. Ich habe aus jeder Freundschaft und Beziehung etwas gelernt - doch soll ich anscheinend noch immer lernen... Was ich mir wirklich wünsche, ist, eines Tages Vater zu sein, und ich hoffe, daß mir diese höchste Lebenserfahrung noch vergönnt sein wird. Doch selbst wenn meine außerkörperlichen Erfahrungen und das Nahtoderlebnis die einzigen (Wieder)-Geburtserfahrungen bleiben sollten, die ich erleben werde, so hatte ich dennoch - und habe auch weiterhin - ein außerordentlich reiches, erfülltes und glückliches Leben.

Sind meine außerkörperlichen Erfahrungen bzw. mein Nahtoderlebnis die Hauptursache dieses Glückes? Das würde ich eher bezweifeln, doch fraglos verhalfen sie mir zu einem besonderen Blickwinkel, der mir über Rückschläge hinweghalf und mich Mißerfolge und Enttäuschungen von höherer Warte aus sehen ließ.

Wurde meine Fähigkeit zum Aurasehen durch diese Erfahrungen beeinflußt? Auch dies würde ich eher bezweifeln, da jeder Mensch aurasichtig werden kann, und nicht nur solche mit Nahtod- bzw. außerkörperlicher Erfahrung.

Ändert sich die Aura nach einem solchen Erlebnis? Vermutlich ja, doch habe ich nie einen systematischen Vorher-Nachher-Vergleich unternommen. Bei den Menschen mit solchen Erfahrungen, denen ich privat oder auf NTE-/OBE-Tagungen begegne, scheint die Aura ein wenig leuchtender und strahlender zu sein als die „Durchschnittsaura", der ich z. B. auf der Straße oder in meinen Kursen begegne. Solche Menschen haben einfach etwas Besonderes an sich, das sich nicht unbedingt sogleich festmachen läßt, das jedoch in einem gewissen dringlichen „Überenthusiasmus" augenfällig wird, wenn sich das Gespräch solchen Themen wie Spiritualität, Leben nach dem Tod, Philosophie, Bewußtseinszustände usw. zuwendet. Diese Erregung ist es auch, die der höheren Energieentfaltung in einer OBE-/NTE-Aura zugrunde liegt - obwohl hier ganz allgemein bemerkt werden kann, daß sich der Energiefluß in der Aura (und damit deren Sichtbarkeit) durch jedes intensive Gefühl erhöht.

Das Energiefeld solcher Menschen weist auch ein ungewöhnliches Funkeln auf - vergleichbar mit dem, was sich bei charismatischen Menschen beobachten läßt. Der Unterschied scheint dabei allein in der Schwingungsfrequenz zu liegen - ein charismatischer Mensch besitzt eine langsamere, niedrigere, „animalischere" Schwingung, während ein Mensch mit Nahtod- bzw. außerkörperlicher Erfahrung eine schnellere, klarere und vergeistigtere Schwingung erkennen läßt.

Es scheint keine spezielle Farbe zu geben, die mit Menschen mit Nahtod- oder außerkörperlicher Erfahrung bzw. Charisma verknüpft ist. Doch die Farben dieser Personengruppe sind durchgehend intensiv und strahlend, und die Energie ihrer Aura nicht nur konzentrierter bzw. klarer, sondern vielfach auch erheblich höher.

Aura und Hellsichtigkeit

Manche Menschen, die aurasichtig und medial veranlagt sind, sehen keine Farben in der Aura, sondern lediglich ein „Energieniveau", aus dem sie dann - oftmals verblüffende - Schlußfolgerungen zu ziehen vermögen. Unlängst wurde auch meine Aura von einem solchen Menschen gelesen.

Ginny Stringer, an die ich von einem meiner Schüler verwiesen worden war, wußte weder, daß ich zu diesem Gegenstand ein Buch schreibe, noch sonst irgend etwas über mich. Ich brannte darauf, ihre Technik des Aurasehen kennenzulernen, und ihrem Aussehen und beruflichen Umfeld nach zu urteilen (keine Räucherstäbchen, Glasperlen oder Zigeunerkleidung) ließ sich das Ganze eigentlich gut an.

Sie ließ mich in ihrem von Tageslicht erhellten Büro vor einem weißen Vorhang Platz nehmen. Einleitend bemerkte sie, daß sie in der Aura keinerlei Farben sähe, sondern lediglich deren Energie deutete. Sie fuhr dann fort, verschiedene Einzelheiten aus meiner jüngsten Vergangenheit aufzuzählen, die so spezifisch (und exakt) waren, daß sie sich unmöglich als bloße Zufallstreffer auslegen ließen. „Ich sehe, daß Sie vor kurzem in einem Zahnarztstuhl gesessen haben, nachdem Sie lange nicht mehr beim Zahnarzt gewesen sind. Und nächste Woche gehen Sie wieder hin."

Das stimmte. Vor zwei Tagen war mir bei meinem ersten Zahnarztbesuch seit fast drei Jahren ein Backenzahn provisorisch überkront worden - und in einer knappen Woche würde ich erneut hingehen, um eine Dauerkrone „verpaßt" zu bekommen.

„Haben Sie etwas an den Neben- oder Stirnhöhlen?

Ich schüttelte den Kopf.

„Ich nehme eine Sinusdrainage wahr, habe selbst jedoch keine Allergien oder Erkältung - also wenn Sie das Problem nicht haben, dann hat es jemand in Ihrer näheren Umgebung." Ich überlegte einen Augenblick und erinnerte mich dann, daß meine Freundin an chronisch entzündeten Nebenhöhlen und Bronchien litt - doch bevor ich noch etwas sagen konnte, meinte Ginny: „Sie stehen mit zwei Frauen in engem persönlichen oder beruflichen Kontakt, die darunter leiden." Meine Sekretärin war erst gestern wegen einer schlimmen Nebenhöhlenentzündung frühzeitig nach Hause gegangen.

Doch bevor ich noch etwas erwidern konnte, fuhr sie erneut fort: „Eine der beiden ist im Begriff, eine große Veränderung vorzunehmen. Ich sehe, wie sie eine Dienstmarke mit ihrem Bild darauf abnimmt und weit weg von hier zieht." Sie mimte die Bewegung des Abmachens der Marke und hielt mir diese hin, als ob sie sie mir geben wollte. Mir wurde klar, daß auch dies stimmte, da meine Sekretärin gerade ihren letzten Arbeitsmonat absolvierte und im Begriff war, in einen anderen Staat zu ziehen. Und da ich für Personalangelegenheiten zuständig war, würde ich ihre Dienstmarke entgegennehmen, wenn sie die Firma verließ.

Hier war ohne Frage etwas Besonderes im Gange... Doch wie konnte Ginny dies alles allein von meiner Aura ablesen? Ich zumindest konnte weder die Zukunft noch die jüngste Vergangenheit aus einer bloßen Aura erkennen.

So glaubte ich wenigstens.

Nachdem Ginny mir erzählt hatte, daß ich meine zukünftige Frau (woher wußte sie, daß ich noch nicht verheiratet war?) in etwa achtzehn Monaten bei einem Vortrag über eine von mir verfaßte Abhandlung kennenlernen würde, kam ihr Mann ins Büro und händigte ihr eine Nachricht aus. Er warf mir einen Blick zu, bevor er den Raum verließ. Seine Aura war weiß und verschwommen, und ich konnte fühlen, wie körperlicher und seelischen Schmerz in Wellen von ihm abstrahlte.

Als meine Sitzung schließlich vorbei war und ich Ginny erzählte, daß ich ebenfalls aurasichtig bin, wollte sie umgehend wissen, was ich im Feld ihres Mannes gesehen hätte. „Wie steht es mit seiner Gesundheit... wie lange, glauben Sie, hat er noch?" Ganz bestürzt über ihre Frage protestierte ich, daß ich ihn doch nur ein paar Sekunden lang zu Gesicht bekommen hätte - in keinem Fall lange genug, um mir ein fundiertes Urteil zu bilden, und daß es auch ganz und gar nicht meiner Gewohnheit entspräche, Menschen zu erzählen, ob der Tod vor ihrer Tür steht. „Ach kommen Sie schon, Sie wissen ganz genau, daß er krank ist. Wenn Sie Auren sehen können, dann sollten Sie eigentlich auch seine Schmerzen sehen können, wo sie sitzen und wie stark sie sind, und wenn Sie das sehen können, dann sind Sie auch über den Rest im Bilde...“

Ich rief mir sein kurzes Eintreten ins Gedächtnis und sah erneut seine weiße und graue Aura vor mir - wie verschwommen sie doch wirkte... Es gibt ja verschiedentlich Berichte, wie sich Menschen in letzter Sekunde weigern, in ein Flugzeug oder einen Aufzug einzusteigen, weil sie von einer urplötzlichen Todesahnung ergriffen werden. Das gleiche Gefühl beschlich mich, wenn ich an diesen Mann mit seiner fahlen, kraftlosen Aura dachte...

Ein Dauerschmerz schien von ihm auszustrahlen - sein Gesichtsausdruck ließ sich als kontrollierte Grimasse beschreiben, seine Haltung war leicht gebeugt und sein Gang mehr ein Schlurfen als ein Gehen. Sein Alter zu schätzen wäre schwierig gewesen, doch war er vermutlich jünger, als er aussah - dies hätte sich jedoch ohne weiteres mit meinem normalen Sehvermögen ermitteln lassen. In jedem Fall entsprachen die Merkmale seiner Aura seiner körperlichen Verfassung und wiesen überwiegend auf einen Menschen hin, der sich zur letzten irdischen Reise rüstet...

Meine neue „Aura-Freundin“ bestürmte mich um Einzelheiten: „Wann wird er sterben? In Wochen, Monaten, Jahren... was sehen Sie?“ Etwas respektlos antwortete ich: „Es sieht fast so aus, als ob er sterben möchte, und zwar sogar sehr bald, seiner weißen Aura nach zu urteilen." Weiß ist die Farbe tiefreligiöser Menschen, oder von solchen, die im Begriff stehen, aus dem Leben zu scheiden.

„Ausgezeichnet! Sie haben tatsächlich einen Seherblick. Letzte Nacht wollte er sich umbringen, und ich habe auch heute wieder sein Gewehr verstecken müssen. Er spricht schon eine ganze Weile davon, daß er sterben will, und ich habe Angst, daß er es irgendwann einfach mal tut. Ich muß jetzt ständig ein wachsames Auge auf ihn haben..."

Ein weiteres Mal wurde meine Skepsis von den Tatsachen überrollt. Ich hatte statt der Logik meinem Instinkt vertraut und so eine Situation richtig einzuschätzen vermocht, an deren Beurteilung ich mich normalerweise nie gewagt hätte - obwohl ich gerade die gleiche hellsichtige Diagnosenstellung an mir selbst erlebt hatte! Dieser hellseherische Aspekt des Auralesens ist etwas, das ich weiterhin verfolge und erforsche.

Schlußbetrachtungen

Gedanken zur Aura

Die Fähigkeit, unsere Gesundheit und unser Wohlergehen
täglich selbst zu beurteilen, liegt jetzt in unserer Hand.
Wenn wir mit den verschiedenen Aspekten unseres Energiefeldes
vertraut sind, können wir künftig unseren Gesundheitszustand und den
Einfluß unterschiedlicher Umgebungselemente selbst überwachen.

Nach all den Jahren und Entdeckungen sollte man eigentlich meinen, daß ich, was die Geheimnisse des Lebens und unser möglicherweise unbegrenztes Potential betrifft, vollkommen aufgeschlossen wäre.

Nun (obwohl man mich dafür sogar schon der Dickköpfigkeit beschuldigt hat) - ganz so weit bin ich noch nicht.

Und leider gibt es ja viele, die der Erforschung neuer oder andersartiger Dinge - vor allem etwas so „Andersartiges" wie das Sehen und Fühlen der menschlichen Aura - sogar völlig verschlossen gegenüber stehen.

Wie schade! Denn diese (noch) ungewöhnlichen Fähigkeiten (egal wie sie aussehen oder wie wir sie erlangen) gestatten uns einen ersten Blick auf unsere geistige, übersinnliche Natur und legen das Fundament unserer Brücke zum Göttlichen. Fast paradox ist dabei, daß die Verwendung und Beherrschung dieser Talente - sei es Auralesen, Energieheilen, astrale Projektion, Hellsehen oder Handschriftendeutung - gleichzeitig auch einen natürlichen Ausdruck unserer menschlichen Natur darstellen.

Die meisten Menschen suchen nach der Wahrheit und dem Sinn ihres Lebens. Mit der heranrückenden Jahrtausendwende gehen sie dabei oft über Oberflächliches hinaus und wenden sich tiefergehenden Fragestellungen zu - wie der Suche nach den „letzten Ursachen". Die uralten Fragen „Wer bin ich und woher komme ich?" begleiten uns weiterhin (und bleiben im wesentlichen nach wie vor unbeantwortet); zu ihnen haben sich jedoch noch „weltbewegendere" Fragen gesellt wie „Wie können wir auf diesem winzigen Planeten zusammen leben, ohne uns selbst und unsere empfindliche Umwelt zugrunde zu richten?" Das Gefühl, daß die Zeit knapp wird und daß wir liebgewordene Gewohnheiten und Vorstellungen über Bord werfen müssen, wenn wir überleben wollen, gewinnt zunehmend an Boden. Natürlich gibt es auch Ausnahmen - die unentwegten Neinsager.

In allen Kulturen gab es Zyniker und Reaktionäre, und fatalerweise befinden sich auch heute so manche darunter in Positionen der Macht. Wahre Erleuchtung kommt nur selten von oben, und soziale, politische und religiös-spirituelle Unterdrückung ist in vielen Ländern die Norm. Da sich Individuen viel rascher als gesellschaftliche Strukturen entwickeln, muß die Menge an Frustrierten, die ihrer jeweiligen Regierung in ihrem Wachstum und ihrer Entfaltung bei weitem voraus sind, gewaltig sein. Und tragischerweise gibt es noch immer Hochburgen der Barbarei, die kaum den Eindruck erwecken, als ob sie sich in einen baldigen Wandel ergeben wollten...

Die bedeutendsten „antiglobalen" Hindernisse, denen sich die Menschheit auf ihrem unvermeidlichen Weg zu globaler Vereinigung gegenübersieht, bilden dabei die National- und selbst Stammesgefühle, die seit dem Ende des kalten Krieges wieder im Steigen begriffen sind. Länder wie China, Rußland und Japan haben so lange als isolierte, abgeschlossene Gesellschaften existiert, daß es Generationen dauern mag, bis sich nationalistische Bastionen wie diese mit der übrigen Welt auf sämtlichen Ebenen zusammenschließen werden. Länder ohne Trennung von Kirche und Staat wie der Iran werden dafür sogar noch länger benötigen.

Dabei gehören letztere in Kunst, Literatur und Philosophie historisch gesehen zu den fortschrittlichsten und aufgeklärtesten Völkern; doch ihre Regierungssysteme zählten (und zählen) zu den repressivsten.

Sind Freidenkerei und spirituelle Erleuchtung somit ein Fluchtmittel vor gesellschaftlicher Unterdrückung? Oder sind repressive Regierungssysteme eine konservative Reaktion auf anarchistisch-umstürzlerisches bzw. liberales „gefährliches" Gedankengut? Gefährlich für wen? Regierungssysteme und gesellschaftliche Institutionen aller Art, eigentlich „Diener der Gemeinschaft", sind oft mehr an der schlichten Erhaltung ihrer Macht interessiert - die sie jedoch schneller verlieren könnten, als sie denken, wenn die Freidenker der Welt jemals zusammenfinden.

Auf Satellitenphotos läßt sich erkennen, daß auf der Erde nur eine einzige künstliche Grenzlinie zu entdecken ist: die Chinesische Mauer. Davon abgesehen gibt es vom Weltraum aus betrachtet nicht einen einzigen Hinweis auf die Existenz verschiedener Länder. Dennoch haben wir Erdenbürger den Hang, unweigerlich in Kategorien von „wir" und „die anderen" zu denken...

Daher möchte ich Sie bitten, sich einen Moment lang vorzustellen, daß UFOs tatsächlich existieren. Ich behaupte nicht, daß das wirklich so ist (ich bin ja, wie Sie wissen, noch immer ein wenig skeptisch, da ich UFOs im Gegensatz zu Auren noch nie zu sehen bekommen habe). Doch nehmen wir einmal an, daß am hellichten Tag in sämtlichen Hauptstädten der Welt Raumschiffe zur Landung ansetzen würden.

Welche Folgen hätte ein solches Ereignis?

Würden wir uns - mit solch unanfechtbaren Beweisen, daß wir im All nicht alleine sind - allmählich einem globaleren Denken und Handeln zuwenden? Würden wir uns, wenn uns zunehmend dringlicher bewußt wird, daß es „da draußen" noch etwas anderes gibt, daß das Universum noch andere empfindungsfähige Kreaturen beherbergt, einem gemeinschaftsorientierteren Verhalten öffnen? Nun, meine Vermutung ist, daß die uns vertraute „normale Politik" binnen kurzem „alt" aussehen und sich, zumindest in der heutigen Form, in Wohlgefallen auflösen würde. Die Frage der „Staatsangehörigkeit" würde wohl ihre Bedeutung verlieren und statt dessen durch „Individualität" ersetzt. Unsere Sorgen bezüglich Serbien versus Kroatien würden durch solche bezüglich Erde gegen *Alpha Centauri* abgelöst. Globales Denken, bis jetzt noch die Ausnahme, würde zur Norm. Und nicht lange, und wir wären die Vereinigten Staaten der Erde ...

Vielleicht wissen dies die Bürger des Planeten Erde ja schon intuitiv. Eine gewaltige Mehrheit glaubt ja an die Existenz anderer Lebensformen im All - selbst jene, die Berichte über extraterrestrische Entführungen und fliegende Untertassen mit kleinen Männchen in Silberkleidung aus einer anderen Dimension mit Zurückhaltung aufnehmen. Dieser Glaube an nichtmenschliches Leben könnte auch unseren wachsenden Zynismus bezüglich der „ganz normalen Politik" erklären, wie auch unsere Entrüstung über die eigennützigen und kurzsichtigen Interessen vieler Politiker und globaler Machthaber.

Auch die Religionen dieser Welt würden ihren jetzigen Einfluß verlieren, da sich ihre verschiedenen Differenzen im Lichte der extraterrestrischen „Erleuchtung" in Nichts auflösen würden...

Religionen sind ja sämtlich Versuche des Menschen, Gott auf das eigene Maß zu reduzieren, indem er als Schöpfer und persönlicher Erlöser des Menschengeschlechts, nach menschlichem Bilde geformt, definiert wird. Diese exklusive Beziehung der Menschheit (und der Religionen) zum Göttlichen würde ein jähes Ende finden, wenn die Existenz konkurrierender und weiter entwickelter Spezies erwiesen ist.

Doch ist es gerade diese persönliche Beziehung zu Gott, die in einem jeden spürbar ist und die ethnosoziale und politisch-religiöse Differenzen zu transzendieren vermag. Die meisten von uns erkennen mittlerweile (zumindest auf der unterbewußten Ebene), daß es etwas viel Größeres gibt als uns selber, mit dem wir auf untrennbare Weise verbunden sind. Dies könnte auch erklären, warum wir heute weniger in die Kirche gehen, warum jedoch das Geistige bzw. die Spiritualität in unserem Leben eine zunehmend wichtigere Rolle zu spielen beginnt.

Des Menschen Verlangen, seine übernatürliche Natur und seine Verbindung zum Ewigen zu enträtseln, ist ewig und unerschöpflich. Die wahrhaft Erleuchteten arbeiten daran, jeden erdenklichen Zugang zu diesen Geheimnissen zu eröffnen, Natur- und Geisteswissenschaften verschreiben sich diesem gleichen Ziel, und wohl zu keinem Zeitpunkt der menschlichen Geschichte gab es mehr Menschen, die sich über mehr Fachgebiete hinweg diesem Thema gewidmet haben. Die Menschheit stößt wahrlich mit Macht an die kosmische Pforte.

Natürlich gibt es auch solche, die um den Status quo bangen und diese Pforte lieber weiterhin verschlossen sähen. Und einige möchten noch nicht einmal die Existenz dieser Pforte einräumen, geschweige denn das, was sich dahinter befinden könnte. Doch der Geist ist aus der Flasche entwichen, und die Menschheit hat die Frucht vom Baum der Erkenntnis gekostet. Eine Umkehr gibt es nicht mehr - selbst wenn ein gelegentlicher Rückblick von Nutzen sein kann, um sich auf das in Äonen gewonnene (und wieder zerronnene) Wissen zu besinnen. In unserer Hast, unsere heutigen Probleme zu lösen, wäre es unklug, die Lehren der Vergangenheit beiseite zu schieben. Schließlich galt Hybris (freche Selbstüberhebung) im alten Griechenland als die einzige Sünde, die nicht läßlich ist. Ihrer schuldig zu werden, hieß keinen Raum für abweichende Ansichten zu lassen und sich selbstgefällig auf den Gipfel der Weisheit zu stellen (sowie sich in Lebensgefahr zu bringen).

„Selig sind die, die Augen haben zu sehen und Ohren haben zu hören", aber „noch seliger sind, die nicht sehen und doch glauben." Manche Dinge laufen tatsächlich auf Glauben hinaus, und vieles, was das Leben betrifft, ist (Gott sei Dank) noch immer ein Rätsel. Es wäre ja nicht besonders amüsant, wenn wir schon alles wüßten, nicht wahr? Doch wenn wir mit Sicherheit wissen, daß etwas wahr ist, etwas, das wir zwar nicht erklären oder wissenschaftlich beweisen können, das wir aber erfahren haben, so müssen die Skeptiker doch zumindest einräumen, daß auch mysteriöse und unerklärliche Dinge einen Wahrheitsgehalt besitzen können.

Als Menschen der Moderne (die sich auch als Technokratie bezeichnen ließe) haben wir alle eine Stimme in uns, die uns drängt, nur an „erwiesene Tatsachen" zu glauben. Doch ist es denkbar, daß die Realität (d. h. die „Tatsachen") aus zahlreichen, unter Umständen sogar widersprüchlichen Existenzebenen aufgebaut ist? Wenn Sie daran glauben, daß wir eine Seele haben, dann wären wir ja in Wirklichkeit in der Materie gefangener Geist. Und wenn Sie auch an Dimensionen jenseits unseres Raum-Zeit-Kontinuums glauben, wer kann Ihnen dann noch garantieren, daß unsere Realität wirklich die „wahre" Realität darstellt, oder ob es sich dabei nicht vielmehr um ein illusorisches Konstrukt handelt? Die Wissenschaft beginnt ja auf Fragen das Leben betreffend zu stoßen, die verdächtig nach Philosophie und Theologie klingen, während letztere (ganz unverhofft) Ermutigung in den jüngeren wissenschaftlichen Entdeckungen finden. Die Kluft zwischen diesen beiden Gedankenwelten - einst unüberbrückbar - verengt sich.

Obwohl wir unbestreitbar in diesem Raum-Zeit-Gefüge leben, das wir Realität nennen, werden uns doch täglich Blicke darüber hinaus gewährt - in Träumen, Eingebungen, Präkognition, Gebet, Meditation und sogar über verschiedene Formen der Kunst - also Dingen, die eine andere Realität ahnen lassen, eine Realität, die über unsere normale Existenz hinausgeht. Leider tun dies auch bewußtseinsverändernde Drogen, deren Verwendung, vor allem unter Teenagern, - parallel zu deren Selbstmordrate - überhandgenommen hat. Es scheint eine natürliche Sehnsucht zu geben, dieses Leben zu verlassen, und sei es auch nur eine Zeitlang, über den Dauerkonsum von Filmen, Büchern, Musik oder Reisen, welche vorübergehend die Phantasie beschäftigen und uns in eine andere Realität versetzen.

Um diese menschliche Dualität des „fleischgewordenen Geistes" bewußt zu erkunden, steht uns nun auch noch ein anderer Weg offen: die Erforschung unserer Aura, mit deren Hilfe wir uns selbst und andere auf ganz neue Weise erfahren können. Jeder hat sie, jeder kann sie sehen lernen, die Wissenschaft kann sie messen und sogar fotografieren, Künstler malen sie, Heiler arbeiten mit ihr, Mystiker sprechen von ihr seit Jahrhunderten, und jeder hat sie schon einmal gefühlt: die Aura ist tatsächlich ein ganz besonderer Ausdruck unserer menschlichen Dualität.

Kann Aurasichtigkeit die Welt verändern?

Nein, zumindest nicht von heute auf morgen.

Wird sie uns ein tieferes Verständnis unserer selbst und unseres Lebenssinnes erschließen?

Aber sicher!

Wir haben es jetzt in der Hand, unsere Gesundheit und unser Wohlergehen täglich selbst zu beurteilen. Denn wenn wir uns mit unserem Energiefeld vertraut machen, verfügen wir über ein Werkzeug mit dem wir unseren Gesundheitszustand und den Einfluß unterschiedlicher Elemente unserer Umgebung selbst zu überwachen vermögen. Mit ein bißchen Glück könnte sich auch die Voraussage bewahrheiten, daß wir achtzig Prozent unserer Gesamtkenntnisse über das Selbst in den nächsten fünf bis zehn Jahren gewinnen werden. Das entsprechende Potential ist vorhanden; wir müssen uns lediglich das nötige Wissen aneignen und es dann auch einsetzen. Lassen Sie sich nicht von Angst oder den Neinsagern zurückhalten.

Wir alle wurden darauf konditioniert, „Jenseitiges" bzw. „Außersinnliches" für ausgeschlossen zu halten. Darunter fällt auch das menschliche Energiefeld bzw. die Aura, von der uns unsere Programmierung sagt, daß sie unmöglich existieren kann (jedenfalls war dies m e i n e ursprüngliche Reaktion, als ich sie das erste Mal zu Gesicht bekam...). Doch als ich meine Abwehr gegen das Aurasehen verloren und eine gewisse Erfahrung damit gewonnen hatte, stellte ich fest, daß dieses sichtbare magnetisch-elektrische Feld für mich inzwischen absolut natürlich und „diesseitig" geworden war. Meine Skepsis und mein Widerstand schwanden einfach Stück für Stück dahin.

Wenn Sie erst einmal mehr Übung darin besitzen, bei anderen und sich selbst das Energiefeld wahrzunehmen, werden Sie sich (wie ich) vielleicht auch verwandten Studienobjekten zuwenden wollen. Falls Sie sich sowieso schon für solche Dinge interessieren, wird Ihnen Ihre Aurasichtigkeit darin hoffentlich neue

Erkenntnisse erschließen. Nur zu oft suchen wir ja überall nach Antwort - außer dort, wo sie wirklich zu finden ist - in uns selbst! Aurasichtigkeit ist, einmal gewonnen, nur einer von vielen Schritten auf unserem Weg zu Selbsterkenntnis und Erfüllung.

Anhang I

Auraübungen

A uf den folgenden Seiten finden Sie eine Zusammenfassung der zehn einfachen Schritte, mit deren Hilfe Sie bei sich selbst und anderen die Aura sehen lernen können. Die richtige Sichtanordnung und die beiden Auraschichten des menschlichen Körpers entnehmen Sie bitte den beigefügten Diagrammen.

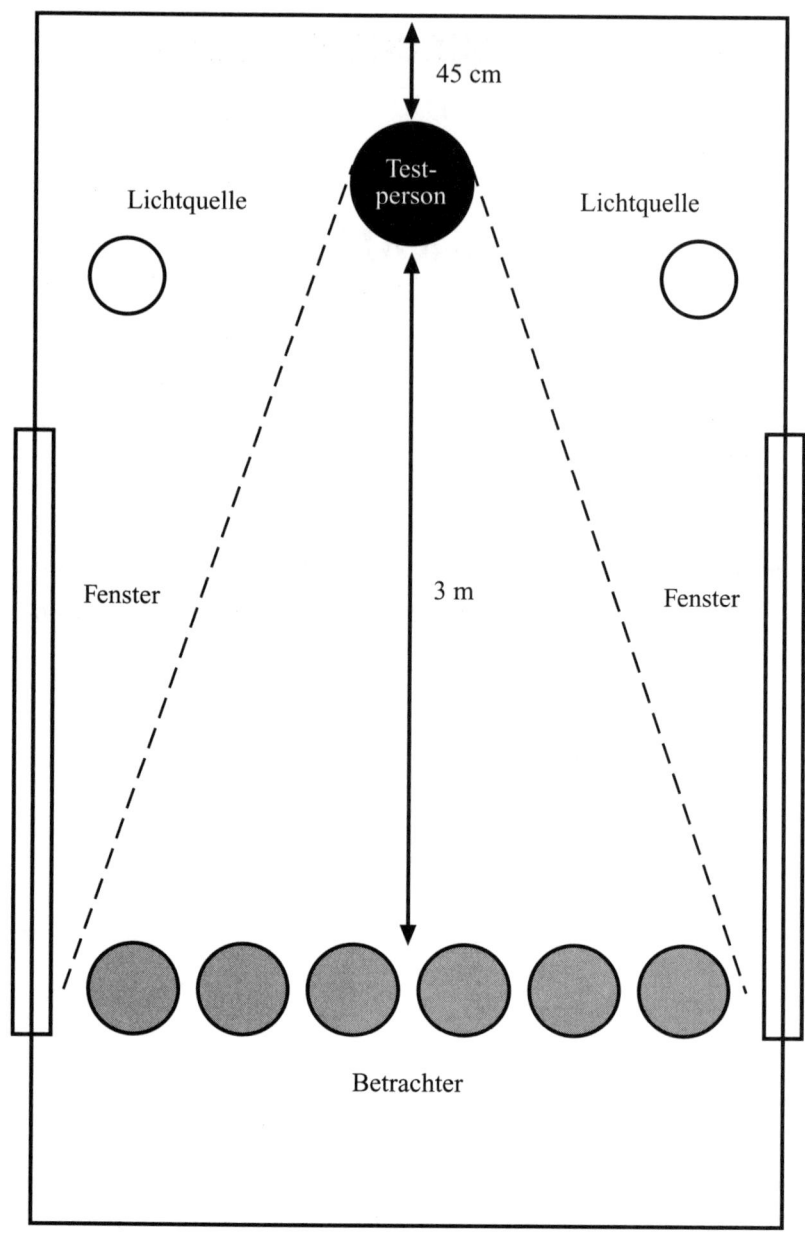

Abb. 1: Die richtige Sichtanordnung

Die Aura sehen - so gehen Sie vor:

1. Stellen Sie die Testperson in 45 bis 60 cm Entfernung vor eine kahle weiße Wand (möglichst ohne Farben oder Muster).

2. Achten Sie auf indirekte Beleuchtung (nach Möglichkeit natürliches Tageslicht). Vermeiden Sie Licht von Leuchtstofflampen sowie direkt einfallendes Sonnenlicht.

3. Halten Sie einen Mindestabstand von 3 Metern ein.

4. Bitten Sie die Testperson, sich zu entspannen, tief durchzuatmen und sich sanft hin und her zu wiegen (Hände an den Seiten und geöffnet).

5. Sehen Sie am Kopf- und Schulterbereich vorbei bzw. durch diesen hindurch und konzentrieren Sie sich auf die dahinterliegende Wand.

6. Blicken Sie die Testperson nicht an; konzentrieren Sie sich statt dessen auf die Struktur des Anstrichs (bzw. des Hintergrundes).

7. Während Sie am Umriß des Körpers vorbeisehen, wird im Grenzbereich zwischen Luft und Körper ein schemenhafter Lichtkranz sichtbar, der den Körper auf etwa 6 bis 12 cm Breite umrahmt. Dies ist die erste Auraschicht (der Ätherkörper).

8. Wenn Sie weiter am Körperumriß vorbeisehen, sollte irgendwann der Eindruck entstehen, als ob die Testperson von hinten beleuchtet wird (evtl. mit einem leuchtend gelben oder silbrigen Licht). Die eine Seite könnte dabei stärker leuchten als die andere oder langsam pulsieren - Auren bieten nur selten ein gleichförmiges Bild.

9. Jeder Mensch ist anders. So ist bei einigen die Aura weniger deutlich zu sehen, und auch die „Betrachter" sind unterschiedlich „begabt" - nicht jeder kann z. B. auf Anhieb Farben erkennen. Der schemenhafte Lichtkranz rund um den Körper wird jedoch in allen Fällen schnell sichtbar, meist nach einer Minute (und mitunter auch noch schneller).

10. Versuchen Sie das Ganze an mehreren Personen und experimentieren Sie mit Beleuchtung und Hintergrund. Bald werden Sie einen zweiten, breiteren Lichtring ausmachen können, der den Körper auf 7 bis 60 cm Breite umgibt, die astrale Aura, die in der Regel dunkler und diffuser ist.

So sehen Sie die eigene Aura

1. Stellen Sie sich in mindestens 45 cm Entfernung vor einen Spiegel (halten Sie, wenn möglich, einen größeren Abstand ein).

2. Positionieren Sie sich so, daß im Spiegel hinter Ihnen ein weißer bzw. neutralfarbener Hintergrund erscheint.

3. Entspannen Sie sich, atmen Sie tief durch und wiegen Sie sich sanft hin und her.

4. Konzentrieren Sie sich auf die Beschaffenheit der hinter Ihnen erscheinenden Fläche.

5. Denken Sie daran, tief zu atmen, da Sie jetzt gleichzeitig Beobachter und Objekt sind.

6. Die Beleuchtung sollte gedämpft und weder zu hell noch zu dunkel sein. Experimentieren Sie. In völliger Dunkelheit werden Energiefelder „verschluckt", während helles Licht sie zum Verblassen bringt (mit Ausnahme besonders intensiver „Exemplare").

7. Während Sie starr am Umriß von Kopf und Schultern vorbeisehen, können Sie beobachten, wie der Lichtkranz um Ihre Gestalt Ihren Bewegungen folgt.

8. Ihre Kleidung ist relativ unwichtig - egal was Sie anhaben, Sie sehen immer Ihre wirklichen Farben. Sie könnten im Laufe der Zeit allerdings feststellen, daß sich Teile Ihrer Garderobe mit Ihren Aurafarben „beißen".

9. Experimentieren Sie mit dem Visualisieren von Farben. Dazu stellen Sie sich eine Farbe Ihrer Wahl so intensiv wie möglich vor. Auf diese Weise läßt sich die Grundfarbe Ihrer Aura vorübergehend verändern.

10. Beim Ausatmen sollte sich Ihre Aura ausdehnen. Um Ihre Energie in Fluß zu bringen, zählen Sie in normaler Stimmlage von 1 bis 30, und holen dabei anfänglich nach je zwei Zahlen Atem. Ab der Ziffer 20 beschleunigen Sie dann und sagen die verbleibenden Zahlen ohne erneutes Atemholen auf; beobachten Sie dabei, wie sich Umfang und Intensität Ihrer Aura verändern. Wenn Sie wieder zu einem normalen, ruhigeren Atemrhythmus zurückkehren, nimmt auch die Aura wieder ihren ursprünglichen Umfang an; sie könnte jedoch ein wenig heller leuchten als zuvor.

Zu Abbildung 2:

Die erste Auraschicht, der sogenannte Ätherkörper, entspricht in seiner Form den Körperumrissen und leuchtet gewöhnlich am intensivsten. Diese Schicht kann jeder erkennen. Die zweite Auraschicht, der Astralkörper, ist weiter von der Hautoberfläche entfernt und diffuser. Beachten Sie dabei, daß sich die beiden Schichten farblich verändern oder ineinander übergehen können und daß zwischen ihnen nur selten eine eindeutige Trennlinie verläuft.

Das Diagramm auf der nächsten Seite ist daher nur als ungefähre Richtschnur zur Lokalisierung der Auraschichten gedacht. Keine zwei Energiefelder sind gleich, und selbst bei ein und demselben Menschen ändert sich die Aura fortlaufend. Die Vielfalt an menschlichen Energiefeldern, die Sie im Laufe Ihrer Praxis zu Gesicht bekommen werden, wird wirklich nur durch die Zahl der betrachteten Personen begrenzt.

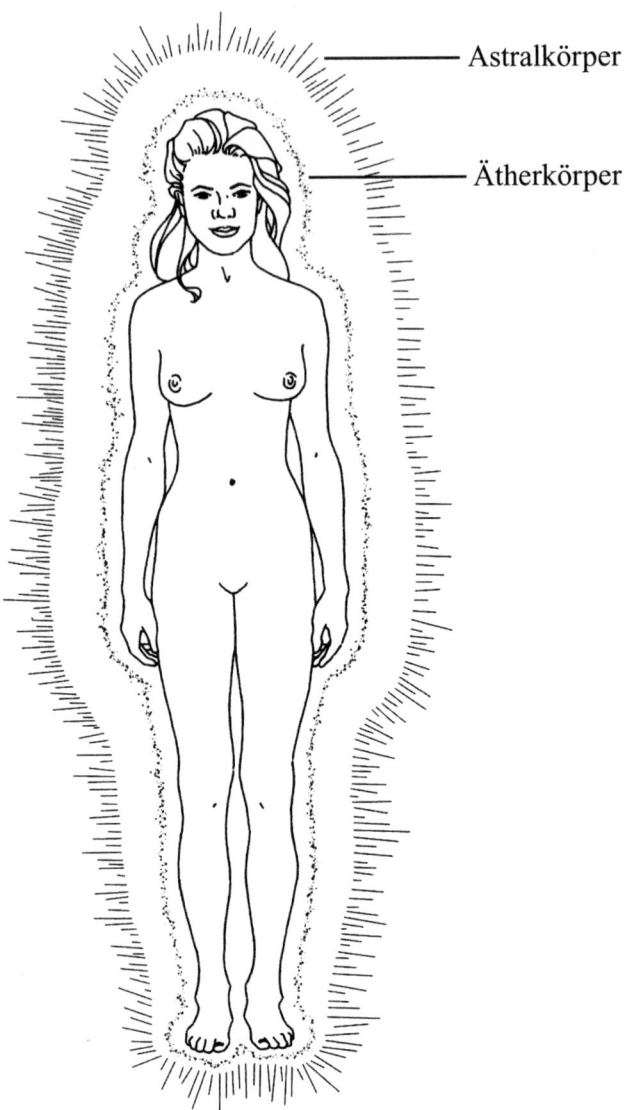

——— Astralkörper

——— Ätherkörper

Abb. 2: Erste und zweite Auraschicht
(Ätherkörper und Astralkörper)

Anhang II

Bedeutung und körperliche Zuordnung der Farben

Die meisten Kulturen der Welt erkennen seit Jahrhunderten, daß Farben emotionale Qualitäten besitzen. Die folgende Übersicht nennt die Bereiche unseres Körpers, denen bestimmte Farben zugeordnet werden, und ist als Grundlage zur Untersuchung der Beziehung Farbe-Emotionen gedacht.

Farbübersicht

Purpur Spirituelle Entwicklung, Verbindung zum Göttlichen, mystisches Verständnis, kosmisches Bewußtsein. „Kardinalrot". Körperliche Zuordnung: Hypophyse (Hirnanhangdrüse).

Indigo Inspirierte Gedanken oder tiefe Weisheit. Kann Spiritualität und Frömmigkeit anzeigen. Künstlerisch und in Harmonie mit der Natur. Selbstbeherrschung. Körperliche Zuordnung: Zirbeldrüse.

Blau Starke Geisteskräfte, Intelligenz, logisches Denken. Helles Blau weisen auf intuitive Begabung hin („aus heiterem Himmel"). Dunkle Töne signalisieren Kopflastigkeit und Mißtrauen, oder auch Wirklichkeitsfremdheit (Traumtänzerei). Körperliche Zuordnung: Gehirn.

Grün Gleichgewicht, Harmonie, Heilung, die beruhigende, besänftigende Kraft. Helles Grün zeigt Anpassungsfähigkeit und geistige Beweglichkeit. Dunkle Töne sind falsch, hinterlistig, eifersüchtig und mißgünstig. „Grün vor Neid". Körperliche Zuordnung: Schilddrüsen- und Halsgegend.

Gelb Liebe und Güte, Mitgefühl, Optimismus; „Odem des Lebens". Dunkles, leblos-mattes Gelb deutet auf Argwohn, Mißtrauen, Begehrlichkeit und Habsucht. Körperliche Zuordnung: Solarplexus- und Herzbereich.

Orange Energie und Gesundheit, körperliche Vitalität, dynamische Kraft. Zu viel Orange in der Aura kann Stolz bedeuten. Dunkles oder trübes Orange ist ein Zeichen für schwache Geisteskräfte. Körperliche Zuordnung: Magen- und Milzbereich.

Rot Körperliches Leben, Vitalität, Lebenskraft, Ehrgeiz, sexuelle Kraft und Energie. Dunkles oder trübes Rot verraten gewalttätige oder jähzornige Tendenzen - „rot sehen". Körperliche Zuordnung: Genitalbereich.

Andere Farben

Scharlachrot Sinnenlust, primitivere Leidenschaften, Materialismus

Rosenrot/
Rosa selbstlose Liebe, Freundlichkeit, Güte, Sanftheit, Bescheidenheit, Anspruchslosigkeit, Einfachheit

Braun Geiz, Habsucht, Selbstsucht

Gold Höheres Selbst, gute Eigenschaften, Harmonie

Silber Wendigkeit, geistige Beweglichkeit, hohe Energie, steter Wandel

Grau Depression, Niedergeschlagenheit, Energiemangel, Furcht und Angst

Schwarz böse, finster, unheimlich, Böswilligkeit, Arglist, böse Absichten

Purpur

Indigo

Blau

Grün

Gelb

Orange

Rot

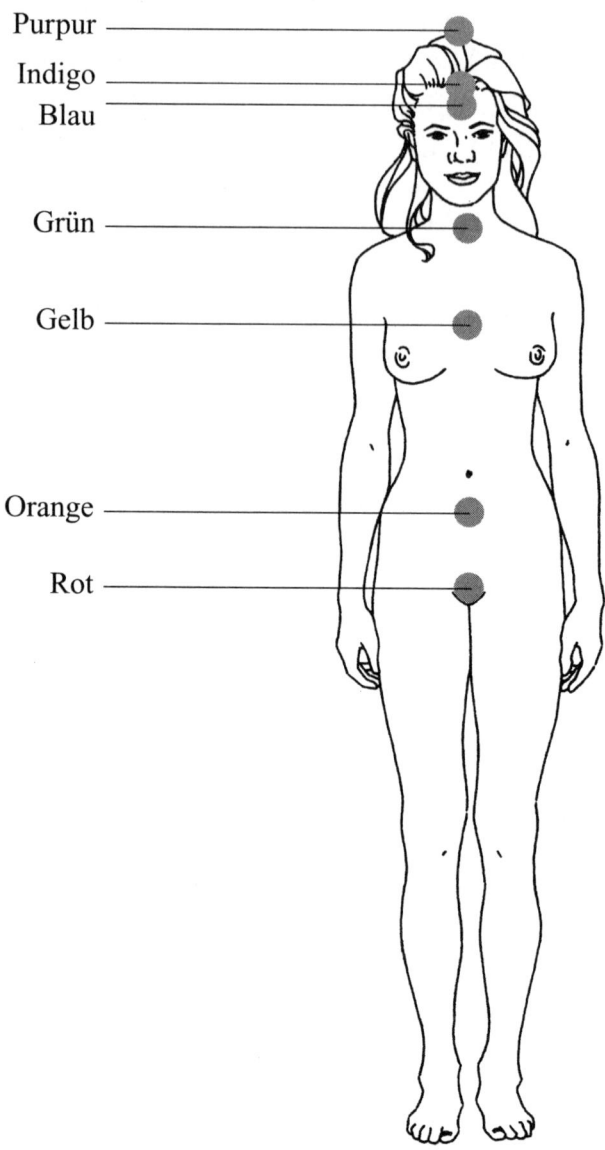

Abb. 3: Chakrafarben

Farben und Körperchakren

Purpur   7. Chakra – Verbindung mit den höheren Aspekten des Seins - Kosmisches Bewußtseinszentrum

Indigo   6. Chakra – Drittes Auge

Blau   5. Chakra – Geist

Grün   4. Chakra – Thymusdrüse

Gelb   3. Chakra – Herz

Orange   2. Chakra – Milz

Rot   1. Chakra – Genitalien

Register

So erreichen Sie den Autor

Wenn Sie sich mit dem Autor in Verbindung setzen möchten oder weitere Informationen zu diesem Buch wünschen, schreiben Sie bitte an den Autor c/o Llewellyn Worldwide. Der Verlag leitet Ihre Anfragen weiter, bittet Sie jedoch um Verständnis dafür, daß er keine Garantie für deren Beantwortung übernehmen kann. Bitte schreiben Sie an folgende Adresse:

Mark Smith
c/o Llewellyn Worldwide
P.O. Box 64383, Dept. K643-2
St. Paul, MN 55164-0383, U.S.A.

Bei Anfragen von außerhalb der USA bitte einen internationalen Antwortschein beifügen.

Der Autor ist auch per Email zu erreichen über

aurorasmit@aol.com

Werfen Sie auch einen Blick auf seine Internet-Homesitee unter

http://www.aurorasmith.com

Josef A. Mazur & Rosemarie G. Pade
Aura – Farben des Lichts
Begleitung zur Heilung · Licht-Farb-Analyse
Aura-Foto-Diagnose

Dank der Computerwissenschaft ist es möglich, die Energiefelder des Menschen farblich darzustellen. Die Resonanzpunkte der Hände liefern die Schwingungsdaten über Metallplatten, sodass der Zustand der Aura am Bild sichtbar wird. Schon Goethe weihte uns mit seinem Werk „Die Farbenlehre" in die Geheimnisse der Spektralfarben ein. Die Farben beeinflussen, was wir denken, fühlen und wollen, wie wir mit Einflüssen von außen umgehen und wie wir auf unsere Umwelt wirken. Sie machen uns bewusst, in welchen Bereichen wir unser Wesen verbessern und wie wir Schwächen in Stärken umwandeln können. Durch Bewusstseinserweiterung mit Hilfe der Aurafotografie erfahren wir mehr über uns und unsere feinstofflichen Körper und spüren, wie wir durch diese Erkenntnisse unseren Geist und Körper in Harmonie und damit zu Gesundheit bringen können.

ISBN 3-931652-88-2
144 Seiten · gebunden
mit vielen farbigen Aurabildern
DM 29,90 · Euro 15,90

Diane Stein
Wir sind alle Engel
Wege zur Heilung unserer Vergangenheit, Gegenwart und Zukunft

Dieses Buch der amerikanischen Bestseller-Autorin basiert auf der Erkenntnis, dass Leiden und Krankheiten nur aufgelöst werden können, wenn sie bis zu ihrem Ursprung zurückverfolgt werden.

Wenn aber jede Ursache einem energetischen Impuls entspricht, der sich in dem komplexen Energiesystem eines Menschen an irgendeiner Stelle als Störung manifestiert, so kann nur umfassendes Wissen in Bezug auf die Struktur der Seele und eine ganzheitliche Heilweise Erfolg versprechen.

Wer immer noch an der Berechtigung und am Erfolg geistiger Heilweisen zweifelt, sollte sich an den theosophischen Grundsatz „Energie folgt dem Gedanken" erinnern.

ISBN 3-931652-80-7
160 Seiten · broschiert
DM 26,90 · Euro 13,90

Verena S. Trautwein

Die Kraft der Lichtspirale

Die Geburt in eine liebevolle und erfüllte Wirklichkeit

Mit praktischen Übungen

Mit unserem Körperbewusstsein befinden wir uns in der Welt der Trennung, während sich unsere Seele in der Welt der Einheit befindet. Wie können wir unser wahres Wesen, unsere Seelenessenz erkennen und in unser Alltagsbewusstsein integrieren? Wie können wir uns mit unserem Höheren Selbst verbinden? Die Antwort ist gechannelt aus den geistigen Welten, von geistigen und inneren Führern. Übungen zur Licht- und Energiearbeit (Transformation durch die Kraft der Lichtspirale, Harmonisierung der Energiefelder und Schwingungserhöhung etc.) verhelfen zur energetischen Neustrukturierung der Persönlichkeit.

ISBN 3-931652-94-7
336 Seiten · gebunden
DM 34,90 · Euro 17,90

Theo Fischer

Das Tao der Selbstfindung

Dieses Buch vom Autor des Bestsellers »Wu wei, die Lebenskunst des Tao« ist eine Lektion in Sachen Hinwendung zur Wirklichkeit. Wer den Mut aufbringt, sich dem objektiven Zustand seines Lebens ehrlich und rückhaltlos zu stellen, wird erleben, dass er damit den Kraftschluss herstellt, der jene Energien freisetzt, mit denen er seine Probleme lösen kann.

ISBN 3-931652-85-8
224 Seiten · broschiert
DM 24,90 · Euro 12,90

Judith Bluestone Polich

Die Wiederkehr
der Kinder des Lichts

**Prophezeiungen der Inkas und Mayas
für eine neue Welt**

ISBN 3-931652-97-1
184 Seiten, broschiert
DM 26,90 · Euro 14,90

Die Autorin bietet einen tiefen Einblick in die alten Hochkulturen der Inkas und Mayas. Sie zeigt auf, wie sehr sich in unserer unmittelbaren Gegenwart die Prophezeiungen jener Hochkulturen erfüllen. Es ist die Synthese der Wissenschaften und ein völlig neues Bewusstsein, das uns in ein neues Zeitalter führen wird. Überzeugend wird dargelegt, dass es dabei keineswegs zu Apokalypsen kommen wird, sondern zu einem tieferen Selbstverständnis des Menschen, der zugleich zum Schöpfer einer neuen planetaren Zivilisation wird. Das Buch, dass unser Weg in die Zukunft über das Verstehen unserer Vergangenheit führt. In eine Zukunft mit völlig neuen Möglichkeiten.

Dr. Engelbert Winkler

Begegnung mit dem
lebendigen Licht

Nahtod-Erfahrungen als Hilfe zum Leben

ISBN 3-89845-0007
240 Seiten · broschiert
DM 29,90 · Euro 15,90

Nahtod-Erfahrung heißt Gottes-Erfahrung. – Der aus Funk und Fernsehen bekannte Nahtod-Forscher Engelbert J. Winkler gewann diese Erkenntnis im Laufe seiner langjährigen Untersuchungen. Bisher kehrten bereits Millionen Menschen noch einmal – meist sogar widerwillig – nach ihrem Beinahe-Tod in ihr irdisches, bisheriges Leben zurück. Die „Begegnung mit dem lebendigen Licht" am Ende des bekannten Tunnels veränderte in der Folge nachhaltig ihre Sicht der Welt und der Bedeutung ihres Lebens.

In kritischer Auseinandersetzung mit der kirchlichen Gottesvorstellung macht der Autor die Nahtod-Erfahrung als subversive Tendenz deutlich – auf der Grundlage der Erkenntnisse Wissender, statt Glaubender.

ISBN 3-931652-90-4
256 Seiten · broschiert
DM 29,90 · Euro 15,90

Heinz Kuhberg

Die Zeichen mehren sich

**Die logische Verbindung
ungewöhnlicher Phänomene**

Haben wir seit 1992 ein deutsches Lourdes? In dem kleinen, scheinbar unscheinbaren Hochsauerlandort Nordenau bei Winterberg häufen sich in einem ehemaligen Stollen spektakuläre Heilungen unterschiedlichster Krankheiten. Bis hin zu Krebs. Doch ist der Autor durch Reisen und Recherchen auch im Ausland auf weitere atemberaubende Zusammenhänge gestoßen. Nordenau scheint ein kleines, aber wichtiges Stück in einem weltumspannenden Puzzle zu sein.

Miranda Lumina & Peter Gilgen

Vom Bündnis der Lichtwesen

Einstimmung in die Christus-Energie

Die spannenden autobiographischen Schilderungen von Miranda Lumina und authentischen Botschaften vom ›Bündnis der Lichtwesen‹, in dessen Heil- und Kraftzentrum Christus-Maitreya steht, vermitteln einen eindrücklichen und faszinierenden Zugang zur geistigen Welt und zum ›Weg der Spirituellen Liebe‹, auf dem das Prinzip der Selbstverantwortlichkeit und Selbsterlösung ebensolche Bedeutung erlangt, wie die Befreiung und Heilwerdung durch die Gnade Gottes und die Hilfe von Licht- und Engelwesen.

ISBN 3-931652-83-1
168 Seiten · broschiert
DM 24,90 · Euro 12,90